Rom, an einem Nachmittag im Mai 1933. Ein tätlicher Angriff des Malers Hanns Hubertus Graf von Merveldt zwingt den deutsch-jüdischen Maler Felix Nussbaum, die Villa Massimo zu verlassen. Die Rückkehr nach Deutschland ist ihm und seiner Lebensgefährtin, der polnisch-jüdischen Malerin Felka Platek, angesichts der nazistischen Judenverfolgung unmöglich. Nach Aufenthalten an der italienischen Riviera, in Paris und Ostende finden sie schließlich eine Bleibe in Brüssel. Dem dringlichen Rat eines Freundes, sich nach Palästina zu retten, folgen sie nicht. Obwohl die Bedrohung durch die deutschen Besatzungsbehörden zunimmt, bleiben sie in Brüssel, verstecken sich in einer Mansarde.

In «Felix und Felka» zeigt sich Hans Joachim Schädlich erneut als Meister der so kunst- wie eindrucksvollen Reduktion. Wohl noch nie ist ein Künstlerleben, das unter den Zwängen der rassistischen Verfolgung stand, derart verdichtet literarisch dargestellt worden. In unvergeßlichen Momentbildern gelingt es ihm, existentielle Ängste spürbar zu machen. Indem er das Künstlerpaar in seinem ganz privaten Umfeld zeigt, erfährt die Geschichte eine Kraft, die weit über das Einzelschicksal hinausreicht.

Hans Joachim Schädlich

Felix und Felka

Rowohlt

2. Auflage März 2018

Umschlaggestaltung Frank Ortmann, Potsdam
Satz Figural PostScript (InDesign) bei
Pinkuin Satz und Datentechnik, Berlin
Druck und Bindung CPI books GmbH, Leck, Germany
ISBN 978 3 498 06437 2

Krista Maria Schädlich gewidmet

Ein warmer Mai-Nachmittag.

Der Park ringsum in dunklem Grün.

Auf dem Platz vor der Villa, im Pinienschatten, stehen Felix und Felka.

Sie haben sich in der Galerie Bilder von Stipendiaten angesehen.

Felka sagt:

«Was hat dir gefallen?»

«Ich rede nicht gern über die Arbeiten von Kollegen.»

«Mir gefällt am besten dein Bild vom Atelier.

Die Winterstimmung im Raum.

Die Chianti-Flaschen auf dem Tisch.»

«Ach, Felka, du rührst mich.»

Unweit, in der Sonne, stehen Arno Breker, Ateliernachbar von Felix, und Joachim Karsch beieinander.

Am Haupteingang der Villa unterhält sich Professor Gericke mit Fritz Sonntag.

Wie aus dem Nichts taucht Hanns Hubertus von Merveldt auf und geht mit großen Schritten auf Felix und Felka zu.

Er bleibt dicht vor Felix stehen und schreit:

«Du hast meine Bildidee geklaut!»

Felka sagt laut:

«Lassen Sie ihn in Frieden!»

Merveldt sagt zu Felix:

«Sag deiner polnischen Schickse, sie soll sich da raushalten.»

Felix sagt:

«Ich habe Ihnen nichts gestohlen. Glauben Sie, Ihre Bildideen sind so einzigartig, daß es sich lohnt, sie zu stehlen?»

Merveldt holt aus und schlägt ihm ins Gesicht.

Felix hebt abwehrend den linken Arm.

Merveldt versetzt ihm einen Boxhieb an den Kopf.

Felix stürzt zu Boden.

Er blutet aus der Nase.

Felka ruft:

«Herr Gericke! Einen Arzt!»

Professor Gericke wendet sich von Fritz Sonntag ab und eilt in die Villa.

Merveldt tritt einen Schritt zurück, sagt:

«Selber schuld!»

Er geht in Richtung der Atelierhäuser davon.

Fritz Sonntag und Joachim Karsch laufen zu Felix und Felka.

Sie helfen ihm auf.

Felka gibt Felix ein Taschentuch, das er sich auf die Nase drückt.

Sonntag und Karsch nehmen ihn in die Mitte und führen ihn zur Villa.

Professor Gericke hat einen Arzt gerufen.

Er bittet Felix, sich auf eine Couch zu legen.

Felka setzt sich neben ihn und hält das Taschentuch unter seine Nase.

Felix hat unter dem rechten Auge einen Bluterguß.

Nach zwanzig Minuten erscheint der Arzt.

Das Nasenbluten hat aufgehört.

Der Arzt sagt:
«Es ist nichts Ernstes. Sie können unbesorgt sein.»
Felix steht auf.
Sonntag und Karsch verabschieden sich.
Felix bedankt sich bei ihnen, bei dem Arzt und bei
Professor Gericke.
Er geht an Felkas Arm aus der Villa.

Professor Gericke, seit 1928 Direktor der Villa Massimo, möchte nicht, daß die italienischen Behörden Wind von der Sache bekommen.

Er will den Streit durch einen Vergleich zwischen Felix und Merveldt beilegen und berichtet dem deutschen Botschafter Ulrich von Hassell.

Ulrich von Hassell formuliert einen Text, den Felix und Merveldt unterschreiben sollen:

Merveldt habe sich von Felix provoziert gefühlt und entschuldige sich. Auch Felix entschuldige sich für den Fall, daß er Merveldt beleidigt haben sollte.

Obwohl die Erklärung für Felix nicht gerade günstig klingt, ist er zur Unterschrift bereit.

Merveldt aber lehnt es ab, sich zu entschuldigen.

Professor Gericke bleibt nichts anderes übrig, als Merveldt und Felix zu entlassen.

Felix sagt zu Felka:

«Wir müssen fort. Spätestens morgen.»

«Ich könnte sowieso nicht länger bleiben. Warum hat dieser Merveldt das gemacht.»

«Ich weiß es.»

«Ich auch. Ich glaube, er mag keine Juden.»

Am 17. Mai 1933 reisen Felix und Felka aus Rom ab.
Felix läßt seine Bilder und Utensilien im Atelier zurück.

Zehn Tage nach der Abreise schreibt Felix an Professor Gericke, daß er vielleicht Frau Corinth treffen werde, die in Alassio lebe und ausstelle.

Professor Gericke bittet am 30. Mai in einem Telegramm an das Berliner Ministerium für Wissenschaft, Kunst und Volksbildung um seinen Abschied.
Zu diesem Telegramm, das er zunächst an Ulrich von Hassell schickt, schreibt er:

> «Ich habe mich zu diesem Schritt entschlossen, da ich sehe, daß der Indisziplin, dem Mißtrauen und der Ungezogenheit hier von mir allein nicht erfolgreich gegenübergetreten werden kann.»

Ulrich von Hassell bewegt Professor Gericke dazu, in der Villa zu bleiben.
Er leitet das Telegramm nicht an das Ministerium weiter.
Professor Gericke bleibt bis 1938 Direktor.

Felix sagt zu Felka:

«In Deutschland hat es längst angefangen.»

«Du meinst den ersten April: jüdische Geschäfte, Ärzte, Rechtsanwälte boykottiert.»

«Und nur noch eins Komma fünf Prozent jüdische Schüler und Studenten an jeder Schule und Fakultät.»

«Und die Bücherverbrennung am zehnten Mai.»

«Die Villa Massimo soll jetzt ‹judenfrei› werden.»

Felka sagt:

«Wohin sollen wir gehen?

Nach Deutschland können wir nicht zurück.»

«Das ist klar. Denk nur an den Artikel im ‹Stadt-Wächter› in Osnabrück. Das war Neunzehnhundertneunundzwanzig! ‹Das Gepinsel des Juden Nussbaum hat mit Kunst nichts zu tun›, haben die geschrieben.

Laß uns an die Riviera fahren, an die italienische. Nach Alassio.»

«Ein teures Pflaster.»

«Mein Vater hilft mir.»

«Ich habe auch noch etwas.»

Alassio. Begehrtes Seebad im Westen der italienischen Riviera. Einer der wenigen Orte dieser Region mit kilometerlangem natürlichen Sandstrand. Das Klima ist freundlich: im Januar nicht kälter als 10 Grad Celsius, im Juli höchstens 25 Grad Celsius.

Ein bevorzugter Ferienort der europäischen, besonders der englischen High-Society.

In Alassio können sich Felix und Felka wie Touristen fühlen, die ihre Leidenschaft, das Malen, leben.

Felka malt ‹Strand von Alassio mit malendem Felix›.

Felix malt ‹Fischerboote mit Insel›, die ‹Gasse zum Meer›, den ‹Strand von Alassio›, den ‹Blick auf das Meer›.

Mitte Juni bittet Felix Professor Gericke in einem Brief, die Bilder, die er in der Villa zurückgelassen habe, nach Alassio zu schicken, an seine Wohnadresse Vico Nazario Sauro 6.

«Das Malen geht mir leicht von der Hand. Kurzum! Ich bin vollen Mutes.»

Felix sagt:

«Goebbels war in Rom. Ende Mai.»

«Wir waren schon weg», sagt Felka.

«Am letzten Tag hat er die Villa Massimo besucht.»

«Wir waren zum Glück schon weg.»

«Stell dir das vor: ein kleiner Mann mit einem großen Mund.»

«Sag doch Maul.»

«Wir warten in der Galerie. Alle sind da. Elf Leutchen, Maler, Bildhauer, Architekten, mit Gericke zwölf.

Walter Jähn, Hans Oberländer, Karl Storch, Hanns Hubertus von Merveldt, Arno Breker, Erich Geisler, Joachim Karsch, Otto Land, Karl Säwert, Fritz Sonntag und ich.

Goebbels humpelt herein, an der Seite von Gericke.

Statt ‹Guten Tag› kommt ‹Heil Hitler›.

Alle murmeln etwas.

Gericke sagt, er freue sich, den Herrn Minister undsoweiter.

Man sieht, daß er sich nicht freut.

Gericke routiniert. Er hat schließlich schon den italienischen König empfangen. Neunzehnhundertzweiunddreißig.

Der Minister …»

«… für Propaganda und Volksverklärung …»

«Volksaufklärung.»

«Noch ein Witz.»

«Der Minister fängt zu reden an:

‹Die Deutsche Akademie Villa Massimo – ein Leuchtturm der deutschen Kultur … Die deutsche Kunst der nächsten Jahre wird heroisch, stählern, sachlich, national sein. Der neue Staat – seinen Gesetzen unterliegen alle. Die Künstler haben die Pflicht, sie zur Richtschnur ihres schöpferischen Handelns zu machen …›

Nach der Rede klatscht niemand, nicht einmal Breker oder Merveldt.

Gericke stellt uns einzeln vor, alphabetisch.

Als ersten Breker.

Goebbels sagt zu ihm:

‹Kommen Sie nach Deutschland zurück. Dort wartet eine große Zukunft auf Sie.›

Die Vorstellung dauert nicht lange.

Gericke nennt Namen und Profession.

Goebbels läßt sich nicht anmerken, was er bei meinem Namen denkt:

Ein Jude! Der noch hier?

Ich höre, daß er zu Gericke sagt:

‹Eine herrliche Lage hat die Villa. Da läßt sich leben.›»

Felka sagt:

«Konrad Wachsmann hat die Villa verlassen, als Hitler ans Ruder kam.»

Felix sagt:

«Er hatte erklärt: Ich kann mich nicht mit einem Staat identifizieren, der sich zur Barbarei bekennt.»

«Aber wir sind in der Villa geblieben», sagt Felka.

«Hör doch mal. Ich habe den Platz in der Villa Zweiunddreißig bekommen!

Empfohlen von der Akademie der Künste und akzeptiert vom Minister für Wissenschaft, Kunst und Volksbildung.

Da war Liebermann noch Akademiepräsident, und
Grimme war Minister, oder Lammers.»

«Wachsmann hat den Platz auch Zweiunddreißig bekommen.

Und du hast um Verlängerung gebeten, da war dieser
Rust schon Minister, und Liebermann …»

«War immer noch Ehrenpräsident! Felka, die Massimo liegt hinter uns, wir sind in Alassio.»

Felix zu Felka:

«Ich habe im Traum Frau Corinth besucht. Sie wohnt in einer Villa am Meer. Das ist etwas anderes als unsere Bleibe in der Vico Nazario Sauro.

Überall an den Wänden Bilder von Corinth. Sie nannte ihn Luke.

‹Ende des Jahres, am einundzwanzigsten Dezember, eröffne ich hier im Haus eine Ausstellung mit fünfzig Bildern von mir. Kommen Sie zur Opening›, sagte sie.

‹Ich weiß nicht, ob ich dann noch in Alassio bin.›

‹Allmählich bemerke ich, daß ich heimisch werde in Italien›, sagte sie. ‹Kann man die Heimat vergessen? Luke war jemand, der sie nie vergessen konnte. Sein inneres Auge hat nie verloren, was es in erster Kindheit gesehen hatte.›»

«Warum gehst du nicht zu ihr», sagt Felka. «Du kannst ihr deine Bilder zeigen. Vielleicht veranstaltet sie in ihrem Haus eine Ausstellung für dich, und du kannst Bilder verkaufen.»

«Nein, das liegt mir nicht. Sie ist berühmt, und wer dagegen bin ich? Soll ich sie anbetteln?»

Es ist Herbst.

Felix sagt:

«Felka, was hältst du davon, den Winter in San Remo zu verbringen. Viele Sonnentage, selten Niederschläge. Die ‹Blumenstadt›. Das Klima dort ist milder als hier. Und es sind nur zwanzig Kilometer bis zur französischen Grenze. Ich möchte in die Provence und nach Paris fahren und mich umsehen, welche Möglichkeiten wir hätten.»

Felka hat nichts dagegen.

Dr. Fritz Steinfeld, Felix' alter Schulfreund aus Osnabrück, ist in Monte Carlo.

Seit über einem Jahr haben sie sich nicht gesehen.

Felix sagt:

«Felka, wir besuchen Fritz in Monte Carlo.»

Felka sagt:

«Darauf freue ich mich.

Den Fritz habe ich von Anfang an gemocht.

Aber wo wohnen wir dort?

Monte Carlo ist teuer.»

Felix sagt:

«Es muß ja nicht das Hôtel de Paris sein. Wir verlassen uns auf Fritz.»

«Wie lange sind wir mit der Bahn unterwegs?»

«Eine reichliche Stunde.»

«Dann können wir am selben Tag zurückfahren und brauchen kein Hotel.»

Felix und Felka treffen sich mit Fritz Steinfeld in einer kleinen Pension, wo der Freund untergekommen ist.

«Ich kann euch gar nicht sagen, wie glücklich ich bin, euch gesund wiederzusehen», ruft Fritz Steinfeld aus.

«So geht es mir mit dir», sagt Felix.

«Und mir», sagt Felka.

«Wie fühlt ihr euch. Seid ihr gesund?»

Felka sagt:

«Uns geht es gut. Gesundheitlich.»

«Und sonst?»

Felix sagt:

«Du weißt, wie es ist. Wir leben aus dem Koffer. Allerdings in anständigen Hotels.»

«Wie ich in der Schweiz. So ging es mir, in letzter Zeit.»

«Ging?»

«Ich mache mich auf den Weg. Aber sagt mir: Wovon lebt ihr?»

«Von den Eltern, immer noch. Sie sind seit Februar in der Schweiz.»

«Ich habe sie getroffen. Die Schweiz ist ihnen fremd geblieben. Sie haben Sehnsucht nach Osnabrück. Das verstehe ich.

Das herrliche Haus, das sich nicht scheute, seinen Reichtum zu zeigen. Als Kind war ich gefesselt von den Aquarellen deines Vaters, die die Treppenwand hinaufliefen, und das erste Automobil in Osnabrück fuhr er lange vor dem Krieg. Und deine Mutter, immer gradaus sprechend, energisch vergnügt. Sie hatte die Hosen an, aber ihr Regiment war freundlich und gut, nach ihren Maßstäben. Mit deiner Malerei konnte sie wenig anfangen.»

Felix sagt:

«Die Eltern wollen uns in Rapallo treffen.»

«Dich!» sagt Felka.

Fritz Steinfeld sagt:

«Immer noch das alte Lied?»

«Es ist seine Mutter», sagt Felka. «Sie ist nicht zufrieden mit mir. ‹Die arme häßliche Polin aus dem Warschauer Judenviertel.›

Sein Vater ist netter, aber im Grunde mag er mich auch nicht. Ich bin eben eine Ostjüdin.

Felix muß seine Eltern allein treffen. Ich fahre nicht mit nach Rapallo.»

«Sie auf der Flucht, du und Felix auf der Flucht.

Ihr habt die gleichen Feinde. Und seid untereinander zerstritten.

Ostjude, Westjude, das ist doch absurd.

Für die Nazis sind wir verfluchte Juden.

Felka, wie geht es deinen Eltern in Warschau?»

«Gut. Wir schreiben uns Postkarten.»

«Fritz», sagt Felix, «du willst nach Palästina.»

«Es ist Zeit. Ich bin jetzt dreiunddreißig. Ich will mich in Jerusalem als Internist niederlassen. Wenn es nicht reicht, arbeite ich außerdem in der Hadassah-Klinik.

Felix, Felka, ich bitte euch, kommt mit nach Palästina. Weit weg von Europa.»

«Wie soll das gehen, nach Palästina. Wir haben keine Einreisevisa.»

«Die beantragt ihr bei der britischen Botschaft in Rom.

Oder bei einem britischen Konsulat, in Venedig oder in Florenz, oder ganz nahe, in Genua.»

«Was ist», sagt Felka, «wenn nur einer von uns ein Visum erhält. Wir wollen zusammenbleiben.»

Felix sagt:

«Du hast ein Einreisevisum bekommen, weil du Arzt bist.

Aber ich bin nur Maler. Felka ist nur Malerin.»

«Selbst wenn ihr keine Einreisevisa bekommt – ihr reist offiziell als Touristen ein. So machen es viele.»

«Und dann?»

«Bleibt ihr.»

«Und die Polizei der Mandatsbehörde schnappt uns und weist uns aus.»

«Aus Italien und Frankreich kommen Flüchtlinge auf gecharterten Schiffen und gehen illegal an Land, in Haifa oder Tel Aviv. Sie tauchen unter, mit der Hilfe zionistischer Kämpfer.»

«Ach, Fritz. Vielleicht kommen wir ins Land. Aber was können wir dort machen. Landarbeiter im Kibbuz sein. Malen nicht.»

«Ich verstehe dich schon.

Es gibt nur drei große Städte, Tel Aviv, Haifa, Jerusalem. Alles andere ist Provinz. Dazu das Klima.

Aber ich verstehe dich auch nicht.

Überall in Europa hast du die Nazis vor der Tür.

In Berlin, in der Xantener Straße, hattest du sie sogar in deiner Wohnung, und das vor der Machtübergabe an Hitler.

Die beiden Maler, denen du dein Atelier vermietet hast für die Zeit in der Villa Massimo, waren Nazilümmel. Inoffizielle Abgesandte der Nazipartei.

Sie haben deine Atelier-Dachwohnung abgefackelt.
Es war Brandstiftung, das ist erwiesen.»
«Ja.»
«Was habt ihr vor. In Italien bleiben? Bei Mussolini?»
«Nein. Nach Paris. Ostende. Brüssel.»

Felix macht sich auf die kurze Reise von San Remo nach Rapallo.

Felka trägt ihm keine Grüße an seine Eltern auf.

In Rapallo, am Anfang der Strandpromenade, betritt er das Hotel, in welchem seine Eltern Philipp und Rahel wohnen.

Das Foyer – herrschaftlich.

Die junge Frau an der Rezeption betrachtet ihn abschätzig. Sie will ihm die Zimmernummer der Eltern nicht nennen.

«Wer sind Sie?»

«Ich bin der Sohn.»

«Ihren Paß bitte.»

Felix zeigt seinen Paß.

Jetzt sagt die Frau die Zimmernummer.

‹Sie hat ja recht›, denkt er.

Der Lift im Stil des Hauses. Felix gefällt das: 19. Jahrhundert.

In der vierten Etage steigt er aus.

Am Ende des Korridors, der mit einem dicken Läufer ausgelegt ist, die Zimmertür.

Felix klopft an.

Keine Reaktion.

Er klopft noch einmal.

Die Tür wird geöffnet.

Vor ihm steht sein Vater.

Die beiden umarmen sich.

Felix tritt ein.

Seine Mutter sitzt in einem breiten Sessel. Er beugt sich nieder und küßt sie auf die Wange.

«Nimm Platz», sagt der Vater. «Möchtest du etwas trinken?»

«Nur ein Wasser.»

Felix und die Eltern haben einander seit Oktober 1932 nicht gesehen.

Der Vater ist abgemagert. Um seinen Mund ein bitterer Zug.

Die Mutter fast unverändert. In sich ruhend. Die Lippen schmaler als früher.

«Du siehst gut aus, mein Junge», sagt der Vater.

«Mir gefällt es an der Riviera. Alassio, San Remo. Alles mit deiner Hilfe. Ich danke dir.»

«Schon gut.»

«Ich fühle mich wie ein Tourist. Ein Maler-Tourist.

Dabei sind wir Flüchtlinge.

Rom habe ich schon vergessen.»

«Du kommst zum Malen?»

«Ja, natürlich. Momentan mache ich Gouachen.»

Felix blickt zur Balkontür.

«Ein schönes Appartement. Mit Blick auf den Golf.»

«Das sind wir uns schuldig», sagt der Vater.

Die Mutter sagt:

«Wo ist Felka?»

«Zu Hause in San Remo.»

«Ist auch besser so.»

«Eure Vorbehalte gegen Felka sind absurd. Wir sind Juden. Auf der Flucht. Was spielt es da für eine Rolle, ob jemand Ost- oder Westjude ist.

Felka ist gut zu mir. Sie sorgt sich um mich.

Ohne sie ginge es mir schlecht.»

Der Vater sagt:

«Wir sind nicht mehr auf der Flucht. Wir sind Deutsche. Urlauber an der Riviera.»

«Deutsche! Deutsche Juden sind wir!»

«Ich kann es in der Schweiz nicht mehr aushalten», sagt die Mutter. «Wir machen in Rapallo Ferien und gehen zurück in die Heimat.»

«Deutschland ist nicht mehr unsere Heimat», sagt Felix. «Wollt ihr nach Osnabrück? Dort schlagen sie euch den Schädel ein.»

«Nicht nach Osnabrück», sagt der Vater. «In eine große Stadt, wo wir nicht auffallen. Ich denke an Köln.»

«Ich begreife euch nicht. Heimweh habe ich auch. Aber deswegen gehe ich doch nicht zu dem Nazipöbel zurück.»

«Justus ist noch in Osnabrück.»

«Wo?»

«In unserem Haus in der Schloßstraße. Er betreibt unser Geschäft.»

«O Gott. Wer weiß, wie lange das gutgeht.»

«Ich will das Haus verkaufen.

Das Geschäft aufgeben.

Damit wir finanziell flüssig bleiben.»

«Und Justus?»

«Dein Bruder will erst einmal bleiben. Vielleicht kann er eine Autoverwertung aufziehen.»

«Er sollte lieber aus Deutschland verschwinden.»

«Willst du in Italien bleiben?»

«Nein. Nicht bei Mussolini.

Keiner weiß, was der vorhat.

Ich möchte am liebsten nach Brüssel.

Felka geht mit mir, hat sie gesagt.»

«Auf uns kannst du rechnen. Solange wir die Mittel haben.»

«Ich danke dir. Wenn ich euch nicht hätte …»

Felix umarmt den Vater, die Mutter.

Die Eltern lassen Felka nicht grüßen.

In seiner Jugend hatte Philipp Nussbaum, geboren 1872, Maler werden wollen, mußte aber mangels finanzieller Mittel auf eine Ausbildung verzichten.

Gemeinsam mit seinem Cousin Simon Gossels gründete er die Eisenhandels-Gesellschaft Gossels & Nussbaum in Osnabrück. Seit den zwanziger Jahren hieß die Firma Gossels & Co. In einer Anzeige von 1925 stand: «Eisenhandelsgesellschaft Gossels & Co., Osnabrück, liefert alle Sorten Eisen, Bleche, Röhren, Werkzeuge, Eisenkurzwaren.»

Die Familie Nussbaum wohnte in der Schillerstraße 31. Ein paar Häuser weiter, in der Schillerstraße 11, wohnte die jüdische Familie Klein. Dr. Friedrich Klein war Teilhaber der Elektro- und Radio-Großhandlung Hermann Schneider & Co. Die Nussbaums und die Kleins standen sich nahe.

1922 zog die Familie Nussbaum in die Schloßstraße 11. Der Erfolg der Firma hatte es gestattet, eine herrschaftliche Villa zu bauen.

Neben seiner Arbeit als Geschäftsmann widmete sich Philipp Nussbaum als Autodidakt der Malerei. Er war in den Augen von Oskar Gittelsohn, Sohn des Osnabrücker Kantors, ein beachtlicher Dilettant. Früh erkannte er Felix' künstlerische Begabung und förderte den Sohn nach Kräften.

Obwohl im Ersten Weltkrieg Offizier und national gesinnt, wurde Philipp Nussbaum 1933 aus dem Osnabrücker Verein der Kavalleristen, dem er seit 1899 angehört hatte, ausgeschlossen. Dieser Ausschluß traf ihn, den patriotischen Kriegsteilnehmer, tief. Kurz vor der Abreise des Ehepaars Nussbaum in die Schweiz, im Februar 1934, ließ er ein Abschiedsgedicht drucken, das er an seine Vereinskameraden schickte:

«Ein letzter Gruß dem Kavallerie-Verein Osnabrück,
dem ich 34½ Jahre angehörte:

Es ist vollbracht, die Stunde hat geschlagen
Mein Vaterland ich scheide nun von dir
Es hilft kein Zögern mehr und auch kein Zagen
Drum nimm' den letzten Abschiedsgruß von mir.

Ich gebe auf, was schwer ich mir errungen,
Ich lass' zurück was einst mir heilig war.
Die Lieder, die ich sang, sind nun verklungen
Mein Herz ist schwer und aller Hoffnung bar.

Schau ich zurück, der schönen goldnen Tage
Die einst mir gab mein teures Vaterland
Dann fühl ich keinen Hass und keine Klage
Wenn es sich auch von mir hat abgewandt.

Ich lieb' mein Deutschland, keiner kanns mir wehren
Und wenn ich ihm nun auch den Rücken kehr,
Ich werd' es ewig hoch und heilig ehren
Und sehe ich es nie und nimmermehr.

Zum letzten Mal, ihr lieben Kavall'risten,
Grüßt Euch in alter Treue ein Soldat,
Wenn ich gestrichen auch aus Euren Listen
Ich bleib trotz alledem Eu'r Kamerad.

So leb' denn wohl, Du Deutschland meiner Ahnen
Du Land, dem ich gedient hab' allezeit
Und ruft man einst mich wieder zu den Fahnen,
Dann steh' ich da und bin bereit.

1. Januar 1934
Philipp Nussbaum»

«Felka, wenn wir schon Maler-Touristen sind –», sagt Felix, «ich finde, du solltest auch die östliche Riviera sehen, die Riviera di Levante. Rapallo. Daran dachte ich schon nach dem Treffen mit meinen Eltern. Auf der Reise dorthin machen wir Station in Genua, gehen zum französischen Konsulat und besorgen uns Visa für Frankreich.»

Im späten Frühjahr 1934 mieten Felix und Felka eine kleine, spärlich möblierte Wohnung am Rand von Rapallo.

Felix' Eltern sind längst wieder in die Schweiz gereist.

Felka sagt:

«Ich erkunde die Lebensmittelgeschäfte in unserer Nachbarschaft. Ich möchte italienisch kochen. Das magst du doch.»

Felix malt Gouachen: ‹Park›, ‹Küste von Rapallo›, ‹Unterführung in Rapallo›, ‹Boot und Eimer›.

In Genua haben Felix und Felka französische Visa bekommen.

Im Januar 1935 reisen sie nach Paris. Im Quartier Latin mieten sie sich im Hôtel Nicole ein, in der Rue Pierre Nicole 39, nahe der Metro-Station Port Royal, unweit des Jardin du Luxembourg.

«Es ist schön hier», sagt Felka, «aber die vielen Menschen, das hektische Getriebe – ehrlich gesagt: Auf Dauer möchte ich nicht in Paris leben.»

«Ich auch nicht», sagt Felix. «Aber ich will in den Louvre. Das ist mit zwei, drei Tagen nicht getan.»

«Wir unternehmen eine Louvre-Expedition. Womit fangen wir an?»

«Mit van Gogh und Rousseau. Und nebenbei besorgen wir uns belgische Touristenvisa.»

«Belgische?»

«Die Eltern sind mit Justus und mir an die belgische Nordseeküste gefahren. Nach Ostende. Wir waren auch oft an der deutschen Nordsee. Auf Norderney …»

«Deine Bilder! ‹Erinnerung an Norderney›, ‹Villa Nordsee› …»

«Du weißt es. Meine Eltern haben Neunzehnfünfundzwanzig Silberhochzeit auf Norderney gefeiert. In der Schmiedestraße steht eine Synagoge. Justus und ich waren dabei.»

«Steht die Synagoge noch?»

«Das weiß ich nicht.

Die Nordsee ist mein Lieblings-Meer. Sie gibt mir immer das Gefühl von Hoffnung.

Nach Norderney kann ich nicht mehr. Seltsam, Norderney hieß in alter Zeit ‹Osterende›. Ich möchte wieder nach Ostende.»

«Nur wegen der Nordsee?»

«Auch weil wir seit unseren Ferienaufenthalten Freunde in Ostende haben. Und wegen James Ensor.»

«Der Maskenmaler? Ich wußte nicht, daß er in Ostende lebt.»

«Er lebt schon immer da. Ich habe ihn früher ein paarmal besucht. Ich will ihm meine Bilder zeigen.»

«Gut, daß Professor Gericke sie dir nach Alassio nachgeschickt hat.

Nimmst du mich mit zu Ensor? Er interessiert mich sehr.»

In Ostende treffen Felix und Felka am 2. Februar 1935 ein. Sie wohnen in der Pension Coulier.

«Bei Freunden», sagt Felix. «Die Pension gehört den Schwiegereltern von Willy Billestraet.»

«Bille…?»

«…straet. Billestraets sind alte Freunde meiner Eltern.»

«Unser Zimmer ist schön. Aber ich kann in der Pension nicht kochen», sagt Felka. «Du mußt doch essen.»

«Wir essen in einem Bistro.»

«Das können wir uns nicht leisten.»

«Mach dir keine Sorgen.»

«Ich mach mir aber Sorgen.»

«Ach, mein Faigele. Laß uns zum Strand gehen. Das Meer sehen.»

Felix sagt:

«Hinter dem Horizont ist Amerika. Vielleicht sollten wir nach Amerika ziehen. Es ist weit genug von Deutschland entfernt.

Von Deutschland nach Belgien ist es für die Nazis nur ein Katzensprung.»

«Aber in Belgien kennst du dich aus. Hier leben alte Freunde von dir. Du sprichst ihre Sprache.»

«In Amerika finden wir auch Freunde. Ihre Sprache lernen wir.»

In Ostende stürzen sich Felix und Felka in den Karneval.

Der Marktplatz ist geschmückt.

Ein langer Laufsteg im Scheinwerferlicht.

In der Mitte die Jury.

Die Masken halten inne.

Musik.

Das Urteil der Jury, zu der ein alter Herr mit weißem Vollbart gehört.

Felix sagt:

«James Ensor.»

Felix und Felka auf dem Weg in die Vlanderenstraat 27 zu einem Besuch bei Ensor.

Der Blaue Salon. Ensors Empfangsraum. Seit Felix' ersten Besuchen unverändert.

Über dem Sofa und dem Harmonium Ensors Bild ‹Christi Einzug in Brüssel›.

Felka und Felix bleiben lange vor dem Bild stehen.

Das Monumental-Gemälde von 1888, zehn Quadratmeter. Eine tausendköpfige Menge Maskierter, die auf den Betrachter zukommt. Christus, der Verkannte, Verhöhnte, auf einem Esel sitzend, eskortiert von Uniformierten, inmitten der feindseligen Masse.

Felix weiß längst, daß Ensor sich im Bild mit dem Leidenden gleichsetzt.

Er findet keine Worte.

Auch Felka schweigt.

Ensor setzt sich an den runden Tisch in der Zimmermitte.

«Bitte, nehmen Sie Platz.»

Felka setzt sich.

Felix setzt sich.

Ensor, zu Felix, väterlich:

«Ich freue mich, Sie gesund wiederzusehen.»

Zu Felka:

«Ich freue mich, Sie kennenzulernen.»

Felix sagt:

«Wir danken Ihnen, daß Sie uns empfangen.»

Ensor, korpulent, in dunklem Anzug, weißhaarig.

Felka denkt an ihren Vater.

Ensor sagt:

«Trinken Sie einen Kaffee mit mir?»

Felix und Felka nicken.

«Auguste!» ruft Ensor.

Sein Diener betritt den Salon.

«Bitte, Kaffee für uns.»

Ensor zu Felix:

«Sind Sie direkt aus Deutschland gekommen?»

«Nein, aus Paris. Davor waren wir über zwei Jahre in Italien.»

«Wie geht es Ihren Eltern?»

«Sie waren in der Schweiz. Und sind nach Deutschland zurückgegangen, nach Köln.

Aus Heimweh.

In Köln fallen sie nicht auf, glauben sie.

Mein Bruder Justus und seine Frau Herta sind noch in Osnabrück.»

Ensor zu Felka:

«Wo leben Ihre Eltern?»

«In Warschau. Ich bin Polin. Mein Vater ist ein kleiner Handwerker. Arme Leute.»

«Wollen Sie und Felix in Belgien bleiben?»

Felix sagt:

«Am liebsten in Brüssel. Aber wir besitzen nur Touristenvisa. Vorerst bis September.»

Der Diener Auguste bringt den Kaffee.

Ensor sagt:

«Die Touristenvisa werden bestimmt verlängert.»

«Am liebsten wäre es uns natürlich, wir bekämen eine

Carte d'Identité, die ‹Weiße Karte›. Mit dem Eintrag ins Melderegister könnten wir dauerhaft in Belgien bleiben.»

«Zuerst müssen Sie sich ins Fremdenregister eintragen lassen, damit Sie einen Fremdenpaß bekommen. Daß Sie eine Carte d'Identité kriegen, halte ich für unwahrscheinlich.»

«Aber versuchen wollen wir es.»

«Wie begründen Sie den Antrag?»

«Als Grund gebe ich an, daß ich meine Kunst in der Atmosphäre der großen Meister belgischer Malerei fortsetzen möchte.»

«Sie haben Bilder mitgebracht, sehe ich.»

«Ölbilder und Gouachen.»

«Zeigen Sie. Zuerst die Gouachen.»

«‹Fischerboote mit Insel›», sagt Felka. «‹Weißes Boot vor einer Mauer›. Beide in Alassio entstanden. Und ‹Die Bahnstation von Alassio›.»

«‹Meereslandschaft mit Fischern›», sagt Felix. «Und ‹Die Bucht von Amalfi›. Es ist die Bucht von Alassio. Noch aus Rom das ‹Atelier in der Villa Massimo›.»

Ensor sagt:

«Und in Öl?»

«‹Der Leierkastenmann›», sagt Felix. «Und hier: ‹Drei Frauen›. Dann: ‹Schwarzer Pudel›. ‹Narziß›. ‹Mauer in Rom›.»

«Ich schreibe Ihnen einen Brief. Wie ist Ihre Adresse?»

«Pension Coulier.»

«Gehen Sie auch zu Doktor Steyns. Er ist der Direktor des Kursaals.»

«Oja, ich kenne ihn seit Neunzehnhundertachtundzwanzig.»

«Sie wissen, daß deutsche und österreichische Schriftsteller sich als Emigranten in Ostende aufhalten?» sagt Ensor.

«Nein. Sie kennen mich nicht, und ich kenne sie nicht.»

«Nicht persönlich! Aber vielleicht kennen Sie ihre Bücher.»

«Wahrscheinlich. Zumindest einige.»

«Soviel ich weiß, ist das Café Flore ihr Treffpunkt.»

Ensors Diener Auguste bringt einen Brief für Felix in die Pension Coulier.

Felka nimmt den Brief entgegen.

Felix kommt vom Malen am Strand zurück.

Felka sagt:

«Ein Brief von Ensor!»

Felix, aufgeregt, öffnet den Brief und liest ihn vor.

> «Die Werke Nussbaums zeigen Qualitäten von hohem künstlerischen Rang, die ihm einen ehrenwerten Platz unter den belgischen und ausländischen Künstlern sichern.»

Felka umarmt Felix.

«Ich freue mich so für dich. Mein Baum!»

Felix lacht.

Auch der Direktor des Kursaals, Dr. Désiré Steyns, stellt ein Zeugnis aus:

> «Diese Werke bezeugen ein unbestreitbares Talent, und Nussbaum ist wirklich ein Künstler von Rang. Er verdient Wertschätzung und Bewunderung aller Kenner.»

Dank der Zeugnisse von James Ensor und Dr. Désiré Steyns werden die Touristenvisa von Felix und Felka Ende September verlängert.

«Ich bin ein Tourist mit deutschem Paß», sagt Felix.

«Und ich eine Touristin mit polnischem Paß», sagt Felka.

Felix sagt:

«Wenn wir wenigstens Fremdenpässe hätten.»

«Du wärst dann immer noch ein Deutscher.»

«Und du eine Polin.»

«Aber wir besäßen immerhin einen belgischen Paß.»

«Für Fremde.»

«Wir wollen etwas unternehmen, was die meisten Touristen tun», sagt Felix. «Wir fahren mit der Kust-Tram. Die Küsten-Tram verbindet alle Orte der belgischen Nordseeküste. Sie führt von der französischen bis zur niederländischen Grenze. Wir steigen in Ostende ein und fahren bis Knokke.»

«Wie lange dauert die Fahrt?»

«Von Ostende bis Knokke ist es ungefähr die Hälfte der ganzen Strecke, fünfunddreißig Kilometer. Das dauert vielleicht anderthalb Stunden. Aber als Touristen fahren wir nicht einfach durch.

Ich möchte an ein paar Stationen aussteigen und dir die Orte zeigen.»

«Gut, machen wir das.»

Der erste Halt, den Felix einlegt, ist De Haan aan Zee, Le-Coq-sur-Mer. Der Dünenabschnitt zwischen Seedeich und Küsten-Tram, für den König Leopold II. 1889 eine Bebauungs-Concessie erteilte, heißt einfach Concessie.

Felix wandert mit Felka zur Concessie.

Felka sagt:

«Weiße Villen und Ferienhäuser. Ein Paradies für Leute mit Geld.»

«Du kannst dir denken, daß die Leute auch aus Frankreich und den Niederlanden kommen. Übrigens, Neunzehnhundertdreiunddreißig hat Einstein in De Haan gelebt.»

«In welchem Haus?»

Felix sagt zu einem Passanten, einem älteren Mann:

«Entschuldigen Sie bitte. Neunzehnhundertdreiunddreißig war Albert Einstein hier. Wissen Sie, wo er gewohnt hat?»

«Aber ja. Das weiß hier jeder.

Er wohnte mit seiner Frau in der Villa Savoyarde, Shakespearelaan 5.

Ganz in der Nähe.

Die Villa ist ein Doppelhaus.

Die Einsteins bewohnten den linken Teil.

Fast ein halbes Jahr lebten sie in dem Haus, von Ende März bis Anfang September.

Einstein war, aus Pasadena kommend, in Antwerpen eingetroffen und wollte eigentlich nach Deutschland.

Aber angesichts der Nachrichten aus Deutschland ist er in Belgien geblieben.»

«Sie wissen Bescheid.»

«Da haben Sie Glück, junger Mann. Ich habe damals in der Stadtverwaltung gearbeitet.»

«Bitte, erzählen Sie.»

«Zu den Einsteins stießen seine Stieftochter Margot, sein Assistent Walther Mayer und seine Sekretärin Helen Dukas. Am neunten September Dreiunddreißig haben die Einsteins das Haus verlassen und sind nach England gegangen.

Sehen Sie sich die Villa mal an. Nur von außen natürlich. Sie ist nicht zu verfehlen. Da stehen immer Touristen, die das Haus fotografieren.

Einstein besuchte gerne das Grand Hôtel Belle Vue am Koninklijk Plein 5 und saß bei Tee und Biscuits auf der Sonnenterrasse.

In De Haan traf er auch James Ensor.»

Felix sagt:

«Wir danken Ihnen. Sie haben uns De Haan nahegebracht. Auf Wiedersehen.»

«Leben Sie wohl.»

Felka zu Felix:

«Willst du dir die Einstein-Behausung ansehen?»

«Nein. Ich fürchte, der Anblick weckt das Gefühl, daß wir weglaufen müssen aus Belgien.

Wollen wir mit der Küsten-Tram weiterfahren, nach Knokke? Von dort ist es nicht weit bis Brügge. Das lohnt sich.»

«Nein. Ich bin müde. Ich möchte zurück nach Ostende.

Aber es war gut, daß wir einmal herausgekommen sind aus der Pension Coulier.»

In Ostende, auf dem Weg zur Pension, sagt Felix:
«Wir gehen nach Brüssel. Großstadtluft atmen.»
«Ja», sagt Felka.
«Es muß nicht gleich ein teures Viertel sein.»

Anfang Oktober 1935 ziehen Felix und Felka nach Brüssel-Molenbeek westlich der Brüsseler Altstadt, in ein kleines möbliertes Zimmer in der Rue Jennart 24.

«Endlich wieder in einer großen Stadt», sagt Felix. «Breite Straßen, Parks, Museen, Galerien, Theater, Cabarets, Kinos, Kaufhäuser, Geschäfte, Boutiquen, Hotels, Restaurants, Cafés, Nachtclubs …»

«Stadtbahnen, Straßenbahnen, Omnibusse, Taxis …»

«Zeitungen, Illustrierte, Buchhandlungen … Und die Straßen nachts immer hell. Seit ich aus Osnabrück nach Berlin gekommen bin, möchte ich nur noch in der Großstadt leben.»

Felka sagt:

«Günstig gelegen fand ich deine Wohnung in der Xantener Straße. An der Ecke in die Brandenburgische, und schon am Ku'damm. Oder am anderen Ende der Olivaer Platz, und wieder der Ku'damm.

Aber du gehst ja gar nicht ins Theater, ins Kino, in Restaurants, in Nachtclubs.»

Felix sagt:

«Ich muß nur wissen, daß es das alles in meiner Stadt gibt.»

«Gehen wir doch in einen Nachtclub. Nicht immer nur in Museen und Galerien.»

«Nanu. Ich erkenne ja ganz neue Seiten an meiner Felka.»

«Und das erst jetzt.»

Felix zeigt Felka Brüssel.

Zuerst die Grand Place, den großen Markt: das Hôtel de Ville mit dem hundert Meter hohen Belfried, das Maison du Roi, die schmalen barocken Gildehäuser. Schließlich die Ladenpassage Galeries Royales Saint-Hubert mit ihren Luxusgeschäften.

Danach ein Spaziergang durch den Warande-Park.

«Auf Museen hast du keine Lust?» sagt Felix.

«Erst einmal nicht.»

«Aber ins Palais des Beaux-Arts müssen wir irgendwann gehen.»

Genug für den ersten Tag.

Müde zuletzt ins Restaurant Le Cygne, wo sie zufällig Platz finden.

Felix sagt:

«Es heißt, Karl Marx hat im Cygne am Kommunistischen Manifest gearbeitet.

Er mußte aus Belgien fort, weil die preußische Regierung Belgien seinetwegen bedrängt hat.»

«Einstein hat Belgien verlassen, weil die Nazis …», sagt Felka. «Und wann gehen wir?»

«Ich bin nicht Marx, und du bist nicht Einstein.»

Anfang November beantragt Felix im Hauptkommissariat Molenbeek die Aufnahme ins Fremdenregister.

Seine Begründung: Studium der flämischen Malerei.

Felka sagt:

«Wir richten uns auf ein Leben in Belgien ein, aber wie mag es deinem Bruder und seiner Frau gehen?»

«Justus und Herta sind noch immer in Osnabrück.»

«Das kann ich nicht verstehen. Justus war mit eurem Cousin Alfred Dreiunddreißig, Vierunddreißig fast ein halbes Jahr in Haifa. Warum sind sie nicht in Palästina geblieben. Herta hätte nachkommen können. Statt dessen reisen sie zurück und betreiben in Osnabrück eine ‹Autoverwertung›.»

«Ja. Im Grunde ist es ein Schrotthandel. Vielleicht hält das kleine Kind die beiden dort. Mit einem Säugling weggehen … ich weiß nicht.»

«Ich mag Herta. Sie ist gutherzig, verbindlich. Mit deiner Mutter hat sie sich vertragen. Weil es nach deiner Mutter geht, war Herta sowieso die richtige Frau für ihren Justus, ‹eine gute Partie›.»

«Wir beide haben weniger Glück mit meiner Mutter.»

«Erinnere mich nicht daran. Für mich ist sie die böse Schwiegermutter. Ich bin in ihren Augen mindestens fünf Jahre zu alt für dich.

Ich komme aus dem dreckigen Warschauer Judenviertel.

Ich bin die primitive Ostjüdin, die nicht in die feine jüdische Familie im Westen paßt.»

«Laß gut sein.»

«Ich komme nicht darüber hinweg.»

«Hauptsache, wir beide sind zusammen. Ich möchte wissen, wie es deinen Eltern geht.»

«Ich habe ihnen aus Ostende geschrieben.
Tate ist jetzt sechsundsiebzig, Mame fünfundsiebzig.
Sie antworten nicht mehr gern.
Aber ich glaube, es geht ihnen gut.»

Mitte November, acht Tage nachdem Felix den Antrag im Hauptkommissariat Molenbeek abgegeben hat, kommt Bescheid.

Sie sind ins Fremdenregister aufgenommen worden und können ihre Fremdenpässe abholen.

«Jetzt haben wir es schwarz auf weiß, daß wir Fremde sind», sagt Felix. «Sieh hier: ‹Das Königreich Belgien: Certificat: Étranger Vreemdeling.›

Im Niederländischen ist der Fremde der Fremdling.»

«Im Deutschen auch», sagt Felka.

«Na ja. Fremdling klingt ein bißchen dichterisch.»

«Jedenfalls ist der Fremdenpaß besser als das Touristenvisum. Das ist doch immer nur eine bestimmte Zeit lang gültig.»

«Der Fremdenpaß muß auch verlängert werden», sagt Felix. «Alle sechs Monate.»

«Ich werde Geld verdienen», sagt Felix. «Das verdanke ich Frieda.»

«Frieda?»

«Frieda Edelstein. Ich habe dir von ihr erzählt. Meine erste Freundin.

Wir waren im Sommer Dreiundzwanzig mit anderen Osnabrücker Freunden auf Norderney. Justus auch.

Unsere Familien kennen sich gut.

Frieda ist Vierundreißig nach England gegangen und dort mit Michael Loewen verheiratet. Er nennt sich Low. Ein Werbefachmann.

Michael hat ein Drehbuch geschrieben für einen Trickfilm. Ich soll die Bilder machen.»

«Wie geht das Drehbuch?»

«Die Geschwister Pit und Peggs. Sie wohnen im Dorf Lucelle am Fuß der Berge.

Im Garten stehen riesige Sonnenblumen, die nachts den Weg bescheinen.

Pit und Peggs träumen von einer Autoreise.

Am nächsten Morgen erwachen sie von einem Riesengetöse.

Das ganze Haus wackelt.

Sie rennen hinaus.

Unzählige Roboter und Kolbenmänner marschieren am Haus vorbei.

Gleich darauf lautes Hupen.

Ihre Freunde Will und Meg fahren in einem Cabrio vor.

Sie laden Pit und Peggs ein, mit ihnen zur Blumenparade nach Nizza zu fahren.

Die Blumenparade ist ein Auto-Karnevalsumzug.

Die Autos sind mit Blumen bestückt.

Das schönste Auto wird Blumenkönig.

Peggs betrachtet die Sonnenblumen in ihrem Garten. Sie lassen traurig die Köpfe hängen.

Peggs beschließt, die Sonnenblumen mitzunehmen.

Sie fahren los. In den Bergen weht ein scharfer Wind. Manche Autos vor und hinter ihnen haben Mühe, über die Pässe zu kommen.

Pit kriegt einen Schluckauf, und das Cabrio macht einen Satz in die Höhe. Es wachsen ihm Flügel.

Ein Windstoß schleudert Pit aus dem Auto. Er fällt in die Tiefe und landet auf dem Hals einer Giraffe.

Peggs, Will und Meg sind inzwischen mit dem Cabrio wieder auf der Straße. Sie treffen auf Pit, und die Fahrt geht weiter.

In der Ferne ist Nizza zu sehen.

Peggs meint, ohne geschmücktes Auto würden sie nicht zur Parade zugelassen. Sie stecken die Sonnenblumen auf die Scheinwerfer und verzieren das Cabrio mit Blumen, die sie am Wegesrand finden.

Pit tauft das Cabrio auf den Namen Blumobil.

Ein Ansager der Parade kündigt das Blumobil an. Es besitze Sonnenblumenscheinwerfer, die Konfetti versprühen. Und es könne sogar fliegen.

Während der Fahrt auf der Promenade werfen Pit und Peggs Tulpen, Gladiolen und Lilien ins Publikum. Die Sonnenblumen versprühen Konfetti.

Das Blumobil gewinnt den ersten Preis der Blumenparade.

Meg, Will, Pit und Peggs sind die neuen Blumenwagenkönige.

Die vier Freunde feiern bis in die Nacht.

Peggs ist so müde, daß sie sich auf der Stelle nach Hause wünscht.

Da fällt vom Nachthimmel ein Lichtstrahl.

Pit und Peggs setzen sich auf den Lichtstrahl und schweben über Berg und Tal bis vor ihre Haustür.

Zufrieden gehen sie schlafen.»

Felka sagt:

«Weißt du schon, wie du es machen willst? Die Figuren, die Details?»

«Das Haus mit einem Gesicht.

Die Vorderfront: oben zwei runde Fenster, die Augen.

In der Mitte die Nase, ein kleines viereckiges Fenster.

Die Tür mit einem Rundbogen, der Mund.

Aus dem Dach lasse ich einen Baum wachsen.

Pit bekommt eine blaue Fliege mit weißen Punkten, Peggs ein rotes Halstuch mit weißen Punkten.

Das Cabrio male ich grellgelb.

Auf den Hals der Giraffe lasse ich Pit weiße Punkte von seiner Fliege kleben.

Die Blumen, die Pit und Peggs ins Publikum werfen, und das Konfetti, das die Sonnenblumen versprühen, male ich in allen möglichen Farben.

Die Bilder sollen sehr bunt werden.»

«Wofür soll der Film werben?»

«Für ein neuartiges Farbfilm-System von Doktor Gaspard, das die Firma Gevaert herausbringt», sagt Felix. «Ich muß

Geld verdienen. Ich muß immer Geld für ein Vierteljahr im voraus haben.»

«Was sollen die Leute sagen, die heute nicht wissen, wie sie morgen das Brot bezahlen», sagt Felka.

«Wir sitzen seit sieben Monaten in Molenbeek, aber Ruhe finden wir nicht», sagt Felix.

«Besser als in der Pension Coulier in Ostende ist es.

Aber wirklich gut ist es nicht. Du kommst kaum zum Malen. Von mir ganz zu schweigen.»

Felix sagt:

«Ein Leben aus den Koffern.»

Felka sagt:

«Immer nur provisorisch.»

Felix sagt:

«Ich möchte ein bißchen heimisch werden.»

«Heimat?» sagt Felka. «Das war zuletzt Berlin. Das gibt es nicht mehr.»

«Aber ein Gefühl von zu Hause muß es doch geben. Wo können wir Wurzeln schlagen?»

«In Molenbeek nicht.»

Felix sagt:

«Wenigstens sollten wir uns irgendwo ein paar schöne Tage gönnen.»

«Wo?»

«In Wallonien, in Nivezé. Wir machen lange Spaziergänge und trinken das Mineralwasser der Quelle von Tonnelet.»

Am 14. Mai 1936 reisen Felix und Felka nach Nivezé. Sechs Tage später sind sie drei Tage in Spa. Sie besuchen die Quellen Pierre-le-Grand, Prince de Condé, Barisart und gehen in den Parks spazieren.

Felka sagt:

«Und jetzt?»

«Holen wir unsere Sachen aus Molenbeek und fahren nach Ostende.»

«Wieder in die Pension Coulier?»

«Ja. Wir bereiten unseren Umzug vor. Jetzt endgültig nach Brüssel, aber nicht nach Molenbeek.»

«Vielleicht werden wir in einem anderen Stadtteil heimisch.»

«Das wünsche ich mir. In Brüssel wohnen alte Freunde, Paul und Erna Blum. Paul hat Teile seiner Osnabrücker Firma noch vor Dreiunddreißig nach Brüssel verlagert. Sie haben sich dann nach Herford abgemeldet, sind aber direkt nach Brüssel gegangen.»

«Weitsichtig», sagt Felka. «Ich bin den Blums in Osnabrück einmal begegnet. Bei euch zu Hause. Frau Blum war mir zugetan. Sie hat mich umarmt und akzeptiert. Anders als deine Mutter.»

«Und Paul?»

«Warmherzig. Zurückhaltend. Ein feiner Mann.»

Ostende.

Café Flore. Später Nachmittag.

Felix und Felka beim Tee.

Am Nachbartisch steht ein Mann auf und kommt zu ihnen. Der Mann ist ungefähr in Felix' Alter.

Er sagt:

«Entschuldigung. Ich höre, daß Sie deutsch sprechen. Darf ich Sie etwas fragen?»

«Bitte», sagt Felka. «Nehmen Sie Platz.»

Der Mann sagt:

«Danke. Ich darf mich vorstellen: Kesten.»

«Platek», sagt Felka.

«Nussbaum», sagt Felix.

Kesten sagt:

«Woher kommen Sie?»

«Aus Brüssel-Molenbeek», sagt Felix.

Kesten sagt:

«Ich höre, daß Sie keine Österreicher oder Schweizer sind. Kommen Sie aus Deutschland?»

«Aus Berlin.»

Kesten sagt:

«Ich kenne mich ein bißchen aus. Ihr Name klingt polnisch.»

«Ich bin Polin.»

«Machen Sie in Ostende Ferien?»

«Nein. Wir können nicht nach Deutschland zurück», sagt Felix.

«So geht es mir», sagt Kesten. «Was tun Sie beruflich?»

«Wir sind beide Maler.»

«Haben Sie in Ostende ein Atelier?»

«Nein. Wir arbeiten in unserem Pensionszimmer.»

«Das stelle ich mir sehr beschwerlich vor.»

«Ist es auch», sagt Felix.

«Können Sie in Ostende ausstellen?»

«Ich hoffe darauf. Vielleicht im Kursaal. Vielleicht im Museum Fort Napoléon.»

«Verzeihung, aber wovon leben Sie?»

«Von unseren Ersparnissen, noch.»

«Sie sind kein Berliner», sagt Kesten.

«Ich komme aus Osnabrück.»

«Ach! Dann kennen Sie vielleicht Remarque?»

«Persönlich habe ich ihn nicht kennengelernt. Aber ich kenne sein Buch ‹Im Westen nichts Neues›. Das hat mich sehr mitgenommen.»

«Welcher Jahrgang sind Sie?»

«Neunzehnhundertvier.»

«Remarque ist nur sechs Jahre älter.»

Felka sagt:

«Fast mein Jahrgang.»

«Remarque hatte schon seit Zweiunddreißig eine Bleibe in Ascona. Am einunddreißigsten Januar Dreiunddreißig hat er Deutschland verlassen.»

Felka sagt:

«Mit Ihren Worten gesagt: Was tun Sie beruflich?»

«Ich bin Schriftsteller.»

«Sie leben in Ostende?»

«Nein. Nur vorläufig. Ich möchte weiter weg. Erst einmal nach Paris.»

«Wir wollen zurück nach Brüssel.»

«Das ist mir zu nahe an Deutschland. Haben Sie Kinder?»

«Nein.»

«Seien Sie froh. Mit Kindern auf der Flucht – eine Schrekkensvorstellung.»

«Ja.»

Kesten steht auf.

«Ich wünsche Ihnen Glück!»

«Auf Wiedersehen», sagen Felix und Felka.

«Leben Sie wohl», sagt Kesten.

Im Oktober 1936 ziehen Felix und Felka zurück nach Brüssel. In die Besmelaan 96.

«Endlich», sagt Felka.

Aber sieben Monate später, im Mai 1937, sind sie wieder in Ostende, in der Pension Coulier.

Felka beantragt im Hauptkommissariat eine Carte d'Identité.

Der Antrag wird abgelehnt.

In Ostende erreicht Felix und Felka die Nachricht: Die Osnabrücker Firma ist zu einem Spottpreis verkauft worden.

Justus ist mit seiner Frau und der zweijährigen Tochter Marianne nach Amsterdam geflüchtet.

Nach Amsterdam flüchtet auch sein Cousin Alfred Gossels. Justus und Alfred gründen dort die Schrotthandlung «Wemeta Kompagnie».

«Wir haben es schon schwer», sagt Felka. «Aber mir geht durch den Kopf, was Kesten gesagt hat: ‹Seien Sie froh, daß Sie keine Kinder haben.›

Ich bin nicht froh darüber, aber wenn ich an Justus und Herta denke … mit ihrer kleinen Marianne …

Stell dir vor, wir hätten Einunddreißig ein Kind gehabt. Das Baby Zweiunddreißig mitgeschleppt nach Rom.

Von Rom nach Alassio.

Von Alassio nach San Remo.

Von San Remo nach Rapallo.

Mit vier Jahren nach Paris.

Von Paris nach Ostende. Von Pension zu Pension. Tag und Nacht mit uns in einem einzigen Zimmer.

In den Pensionen kein Kinderbettchen.

Keine richtige Kindernahrung.

Wo Windeln waschen?

Von Ostende nach Brüssel-Molenbeek und nach Nivezé und nach Spa.

Wieder nach Ostende.

Brüssel.

Zurück nach Ostende.

Deutsch, Italienisch, Französisch, Holländisch.

Das Kind inzwischen sechs Jahre alt.

Keine Spielkameraden.

Manchmal krank.

Es müßte zur Schule gehen.

Kein Tag Ruhe für uns.»

«Hör auf», sagt Felix. «Ich will nicht daran denken.»

Am 9. September 1937, reichlich zweieinhalb Jahre nach ihrer ersten Ankunft, geben Felix und Felka das Pensionsleben in Ostende auf.

Wieder geht es nach Brüssel.

Sie wohnen in der Rue Juste Lipse 27.

Felka sagt:

«Diesmal bleiben wir.»

«Wir werden heimisch», sagt Felix.

«Wir sollten heiraten», sagt Felka. «Dann brauchen wir Behördengänge nicht mehr separat zu unternehmen.

Und ich fühle mich irgendwie sicherer.»

«Ich weiß nicht», sagt Felix. «Wenn du meinst.»

Felix und Felka werden am 6. Oktober 1937, 11.00 Uhr, im Rathaus des I. Brüsseler Bezirks gesetzlich getraut.

Nach der Trauung gehen sie in ein Restaurant zum Mittagessen.

«Schade, daß wir jetzt keine jüdische Hochzeit feiern», sagt Felka. «Du trägst einen weißen Kittel, ich bin verschleiert.»

«Woher sollte ich einen weißen Kittel nehmen.»

«Wir werden von unseren Eltern unter die seidene Chuppa geführt.

Der Rabbi hält einen Becher Wein in der Hand und spricht den Segen.

Wir trinken jeder einen Schluck.

Du steckst mir vor den beiden Zeugen einen silbernen Ring an den Zeigefinger der rechten Hand und sagst: ‹Durch diesen Ring bist du mir angelobt nach dem Gesetz des Mose und Israels.›»

«Und wir hatten heute nicht einmal Eheringe.»

«Der Rabbi liest den Ehevertrag vor.

Er gibt ihn dir, und du überreichst ihn mir.

So ist mein Leben gesichert.»

«Eigentlich sicherst du mein Leben», sagt Felix.

«Der Rabbi spricht sieben Segenssprüche, und wir trinken beide noch einmal einen Schluck Wein aus dem Becher.

Zum Schluß zertrittst du ein Glas, das schon auf den Boden gelegt worden ist.

Nach der Zeremonie gibt es ein Festessen, und es wird gesungen und getanzt.

Die ganze Gemeinde ist versammelt.
Und ein jeder ruft: ‹Masel tov.›»

«Ach, Faigel. Bestimmt haben deine Eltern so geheiratet.»

«Ja.»

«Aber meine Eltern nicht. Und Justus auch nicht. Meine Familie hat nicht koscher gegessen, hat den Sabbat nicht eingehalten und ist nur selten in die Synagoge gegangen. Du hast doch mein Bild ‹Die beiden Juden› gesehen, das ich Neunzehnsechsundzwanzig gemalt habe.»

Felka sagt:

«Die beiden Juden in der Osnabrücker Synagoge.»

«Ja. Ich wollte den Unterschied der Generationen zeigen. Unseren Kantor, Gittelsohn, das ist die alte Generation, und in dem jungen Mann neben ihm …»

«Du hast dich selbst gemalt.»

«… die moderne Generation.»

Felix und Felka beziehen in Brüssel in der Rue Archimède 22, zweiter Stock, eine Wohnung.

«Jetzt kannst du in Ruhe malen», sagt Felka.

«Und du auch.»

«Mir ist es gar nicht so wichtig. Ich möchte vor allem, daß du Zeit und Ruhe findest.»

«Faigel, du sorgst für mich wie ein Vater und eine Mutter.»

«Ach, mein Junge.»

Felix' Vater hatte in seiner Kölner Wohnung, Sachsenring 93, Bilder seines Sohnes aufbewahrt.

Er schickt die Bilder an die Adresse Rue Archimède 22, Brüssel.

Die Briefe zwischen Felix und den Eltern kreuzen sich alle zwei Tage.

Felix sagt:

«Das Briefeschreiben hat uns das Dritte Reich gottlob noch nicht verboten. Aber bei Gott und Hitler ist alles möglich. Meine Mutter kann mich nicht mehr sehen. Aber der Paß von meinem Vater ist noch gültig. Wer weiß, wie lange noch.»

Felka kommt vom Einkauf zurück und findet unter der Wohnungstür einen Zettel:

> Der Postbote hat bei uns ein Päckchen
> für Sie abgegeben.
> Etienne, 1. Etage.

Felix ist in der Stadt unterwegs.

Felka legt ihre Einkäufe ab und verläßt die Wohnung. Sie geht die Treppe hinunter und klingelt bei Etienne.

Es öffnet eine hochgewachsene Frau.

Felka zeigt den Zettel und sagt:

«Ich bin Frau Nussbaum.»

Frau Etienne lächelt und sagt:

«Etienne. Kommen Sie doch herein.»

Felka zögert, aber Frau Etienne macht eine einladende Geste und tritt einen Schritt zurück.

Felka betritt die Diele.

Frau Etienne weist in die Richtung des Wohnzimmers und geht voraus. Sie sagt:

«Bitte, nehmen Sie Platz.»

Felka setzt sich an den Tisch, auf dem das Päckchen liegt.

Frau Etienne setzt sich neben sie und schiebt es zu ihr hin.

Felka fragt sich, ob sie Frau Etienne trauen soll.

Frau Etienne sagt:

«Ich freue mich, Sie kennenzulernen. Wir sind Nachbarn.»

Felka sagt:

«Es ist sehr nett von Ihnen, daß Sie das Päckchen für uns angenommen haben.»

«Aber das ist doch selbstverständlich. Das würden Sie für uns auch tun.»

«Ja», sagt Felka. «Allerdings kennen wir die Nachbarn gar nicht.»

«Noch nicht. Sie sind alle sehr freundlich.»

«Auch zu Ausländern?»

«Natürlich!» Frau Etienne lacht. «Belgien ist ein ‹Vielvölkerstaat›. Im Norden die Flamen, im Süden die Wallonen und im Osten die Deutschen.»

«Gott weiß, was das für Deutsche sind.

Wir sind Juden.

Mein Mann aus Deutschland, ich aus Polen.»

Frau Etienne sagt:

«Mein Mann und ich, wir sind Wallonen. In Brüssel fühlen wir uns wohl.»

«Sind Sie immer zu Hause?» sagt Felka.

«Ja.»

«Wir auch. Wir dürfen in Belgien nicht arbeiten. Aber wir arbeiten auf unsere Weise. Wir sind beide Maler.»

«Das interessiert mich sehr. Meinen Mann auch.»

«Was macht er?»

«Mein Mann ist viel auf Reisen. Er ist Vertreter. Für Verlage. Er besucht regelmäßig Buchhandlungen. In ganz Belgien. Auch in Frankreich. Und in Holland.»

«Das interessiert *uns* sehr.»

«Vielleicht können Sie beide einmal zum Tee kommen.»

«Ja.»

«Entschuldigen Sie, Frau Nussbaum. Haben Sie die Wohnung möbliert gemietet?»

«Nein, leer. Herr Billestraet und der Hausbesitzer Herr Jacque haben ein paar Sachen hineingestellt. Zwei Betten, einen Kleiderschrank, zwei Tische, Stühle …»

«Ich möchte Ihnen gerne Sachen überlassen, Bettwäsche, Handtücher, Geschirr …»

«Oh, danke, das können wir gebrauchen.»

Felix schreibt am 31. Oktober 1937 an Ludwig Meidner:

«Sie baten um eine Zeile meiner Hand, und Sie sollen sie haben, – aus vollem Herzen.

Ihr lieber Brief wurde mit Freude empfangen und Begierde gelesen und in das Buch ‹Im Nacken das Sternenmeer› gelegt, welches deutlich sichtbar im Bücherregal steht und oft hervorgezogen wird.

Grüssau! Wie weit liegt das zurück. Von Grüssau bis heute ist weiter, als von Charlottenburg bis Wannsee. Und dann sprachen Sie über meine Bilder, die Sie bei meinen l. Eltern sahen, und Sie lobten sie, was mich ehrt.

Köln! Mir ist es so mit Basel gegangen – kein Trost half. Basel war mir ebenso unsympathisch, wie Ihnen scheinbar Köln. Was wollen Sie, finden Sie sich mit Köln ab, nehmen Sie Pinsel und Farbe, dann ist es nämlich einerlei, ob man in Köln sitzt oder in Berlin. Als Kind wollte ich unter vielem Malen mal wieder ein Stück Kuchen haben. Die Bitte wurde abgelehnt mit den Worten: «Mal dir Kuchen!» Das habe ich dann getan, und er hat mir besser geschmeckt als der im Bäckerladen. So mach ich's noch heute.

So auch mit Köln. Nehmen Sie Ihre Palette und gestalten Sie Köln so, wie Sie es haben möchten.

Eine andere Sache, bezüglich Ihrer Sehnsucht, auch in das Ausland gehen zu können.

Ist das Suchen eines Malers darum leichter? Vielleicht. Ist man nicht eigentlich immer einsam? Gewiss, ich verstehe wohl, was Sie meinen, aber glauben Sie ja nicht, dass Fremde Heimat ist. Ob hier oder dort – ohne Echo zu schaffen ist bedrückend. Man steht zwischen unendlich vielen Bergwänden und ruft und schreit, und kein Echo klingt zurück. Bedrückend auch sind die vielen Bilder, die man gemalt hat und malt und stumm auf Mansarden und sonstigen Dachkammern herumstehen und sich langweilen. Bedrückend auch, wenn einer einem 25 Francs für ein Bild bietet, und der Kunde sich darüber beschwert, daß man sich den Einheitspreisgeschäften noch nicht angepasst habe. Bedrückend, wenn man Bilder mit Glas ausstellt und Herren und Damen sich darin spiegeln.

Seit einigen Tagen haben wir eine Wohnung. Das ist sehr wichtig für mich, denn seit 5 Jahren pilgere ich von einem möblierten Zimmer in das andere. Die waren klein und hatten sämtlich grausam geblümte Tapeten. Gemalt habe ich an der Wand aus Platzmangel. Das soll nun aufhören. Es wurde auch Zeit.

[…]
Was soll ich Ihnen sonst erzählen? Meine letzten 5 Jahre waren ausgefüllt mit herumstrolchen. 1932 ging ich nach Rom. Anstatt am Schluss eines sogenannten Rom-Aufenthaltes dem italienischen König die Hand gedrückt zu haben, verließ ich unter etwas verschrobenen Umständen diese Ruinenstadt. Mich hielt dort nichts mehr, nicht mal das Becken,

in welches Herr Nero sich nach einem wüsten Festmahl brach. Meine Rückfahrkarte nach Hause ließ ich verfallen und fuhr nach Alassio. Dort lebte auch Frau Corinth.

[…] Im Winter: San Remo […] Zwischendurch Orientierungsfahrten: Paris und sonst wo. Zweifel – Denken – Genuss – Sonne – Regen – frohen Mut – Ärger. Dann kamen meine l. Eltern. Herrliche Tage, Wochen, Monate in Rapallo. Kokoschka war gerade weg, wie wir kamen. Oft werden die Orte gewechselt.

Basel! Paris! Ostende. Wir erreichten Ostende an einem Winterabend. Ich werde das nie vergessen, so prächtig war das. Weshalb Ostende? Das ist nicht zu beantworten.

Wir waren ziemlich herunter. Müde im Kopf, müde in den Füssen. Wie ein Fischerboot ruhten wir uns im Hafen Ostende aus. Fragezeichen an jeder Straßenecke.

[…]

Jetzt sind wir in Bruxelles, wo morgen? Aber das ist ja nicht wichtig, zu neugierig darf man nicht sein. Aber ich glaube, daß wir hierbleiben. Das Wanderns Lust ist ja die des Müllers. Ein Nussbaum hat ruhig auf einem Fleck zu stehen. Hoffentlich trägt sein Baum mal Früchte.

Nun will ich schließen. Kommen Sie mal nach Bruxelles, so wird Ihr Weg doch zu uns sein?

Ihnen, sowie Ihrer lieben Frau, alles Gute wünschend, verbleibe ich nochmals mit herzlichstem Dank und Gruß,

Ihr
Felix Nussbaum»

Felix sagt:

«Felka, daß ich alle sechs Monate zur Behörde gehen muß, um die gelbe Karte, den Fremdenpaß, verlängern zu lassen! Das habe ich heute zum viertenmal hinter mich gebracht.

Eine Tortur.

Erst ewig anstehen.

Dann die mißgünstigen Blicke der Beamten.

Die Ungewißheit, ob der Paß verlängert wird.

Schließlich der demütige Dank.

Ich habe es bis oben hin satt.»

«Was willst du sonst tun?»

«Jetzt gilt der Paß bis Mai Achtunddreißig.

Heute mit einem handschriftlichen Zusatz am Rand: ‹Der Träger des vorliegenden Ausweises verpflichtet sich, bei Strafe der unverzüglichen Ausweisung aus dem Königreich in Belgien keinerlei Arbeit anzunehmen.›

Als ob ich das nicht wüßte.

Besser, wir beantragen gemeinsam Cartes d'Identité.»

«Aber, Felix, ich habe doch im Juni schon eine Carte beantragt, und mein Antrag wurde abgelehnt.»

«Wir sind inzwischen verheiratet, und ich habe erstklassige Referenzen.»

«Den Brief von James Ensor», sagt Felka.

«Er ist Mitglied der Königlichen Belgischen Akademie.»

«Und den Brief von Doktor Désiré Steyns», sagt Felka.

«Er ist Ritter des Leopoldordens.»

«Vergiß nicht das Museum Fort Napoléon in Ostende.»

«Und natürlich den Rom-Preis der Villa Massimo und die Medaille des Ministeriums für Wissenschaft, Kunst und Volksbildung.»

Felka sagt:

«Der Bruder deiner Mutter, dein Onkel Dyk, ist ein reicher Hotelier in London und hat dir monatlich achthundert Franc zugesagt. Vielleicht kannst du ihn erwähnen.»

«Warum sollte der Antrag also abgelehnt werden.»

Felka sagt:

«Weil die Belgier Angst vor Nazi-Deutschland haben. Denk doch daran: Warum ist Einstein aus Ostende fortgegangen?»

Der Antrag von Felix und Felka wird abgelehnt.

«Ensor hat es vorausgesehen», sagt Felka.

«Wer hat die Einladung, Familie Blum zu besuchen, gebracht?» sagt Felka.

«Georg Meyer. Er war bei ihm Prokurist, als Paul Blum Teilhaber und Geschäftsführer der Osnabrücker Aluminium-Werke war. Er hat ihm auch geholfen, als Blum Teile der Firma nach Brüssel verlagert hat.

Hast du Georg in Osnabrück mal kennengelernt? Wir waren Schulkameraden in der Israelitischen Elementarschule», sagt Felix.

«Nein.»

«Wie fandest du die Blums?» fragt Felix.

«Genau wie früher. Fast wie gute Eltern.»

«Paul ist nur vierzehn Jahre älter als du. Erna elf Jahre», sagt Felix.

«Dann sage ich: Wie gute alte Freunde.»

«Das sind sie. Ich habe Paul gefragt, woher sie unsere Brüsseler Adresse kennen. Antwort: Von meinem Vater. Und Paul hat die Adresse an die Kleins weitergegeben. Du weißt doch, die guten Bekannten aus Osnabrück. Sie sind seit 1934 in Amerika.»

«Die Blums haben sich gewundert, daß wir uns nicht früher bei ihnen gemeldet haben. Du kanntest doch ihre Adresse von deinem Vater.»

«Ja. Ich weiß nicht. Ich wollte nicht unsicher erscheinen. Oder unselbständig. Oder hilfsbedürftig. Das habe ich Paul und Erna gesagt. Hast du ja gehört.»

«Sie haben nur den Kopf geschüttelt.»

«Pauls Firma floriert. Es geht ihnen gut. Er hat mir im Salon Geld gegeben.»

«Hast du es genommen?»

«Ja.»

«Peinlich.»

«Er hat gesagt, wenn Not am Mann ist, soll ich mich melden.»

Felix und Felka zum Tee beim Ehepaar Etienne.

«Nehmen Sie Earl Grey?» sagt Frau Etienne.

«Das ist meine Sorte», sagt Felix.

«Und unser Lieblingstee», sagt Herr Etienne. Er raucht Pfeife und bietet Felix und Felka Zigaretten an. «Die Marke meiner Frau.»

«Danke», sagt Felka, «wir rauchen nicht.»

«Nicht jetzt», sagt Felix.

Frau Etienne nimmt eine John Player.

«Ich hoffe, Sie haben sich schon ein bißchen eingelebt in Brüssel», sagt Herr Etienne.

«O ja», sagt Felka. «Wir leben ja schon seit Fünfunddreißig in der Stadt.»

«Mit Unterbrechungen», sagt Felix.

Herr Etienne sagt zu Felka:

«Sie kommen aus Polen, hat meine Frau mir gesagt.»

«Ich bin Neunzehndreiundzwanzig nach Berlin gegangen.

Ab Vierundzwanzig war ich Studentin der Lewin-Funcke-Schule. Aber das wird Ihnen nichts sagen.»

«Ehrlich gestanden: Nein.»

«Es ist eine Mal- und Modellierschule. Ich weiß nicht, ob die Schule noch existiert.

Ab Fünfundzwanzig war ich Studentin in der Klasse von Ludwig Meidner im Studienatelier für Malerei und Plastik Berlin-Charlottenburg.

Aber der Name sagt Ihnen wahrscheinlich auch nichts.»

«Meidner? Nein.»

Felix sagt:

«Ich komme aus Osnabrück. Auf der Lewin-Funcke-Schule haben wir uns kennengelernt.»

«Mein Mann und ich, wir haben uns in einer Buchhandlung kennengelernt», sagt Frau Etienne. «Er war schon Verlagsvertreter und pries der Buchhandlung einen Haufen Bücher an.»

«Eigentlich wollte ich Schriftsteller werden», sagt Herr Etienne. «Aber verschiedene Verlage gaben mir zu verstehen, daß mein Talent nicht reicht, höflich gesagt. Da beschloß ich, die Seite zu wechseln und als Verlagsvertreter Bücher anzubieten. Ich habe das bis heute nicht bereut.»

«Ich bin Buchhändlerin», sagt Frau Etienne. «Damals habe ich in einer Buchhandlung in Mons gearbeitet. Momentan pausiere ich.»

«Wir stammen beide aus Mons», sagt Herr Etienne. «Nahe Mons liegt das Dorf Cuesmes.

Dort lebte von Achtzehnhundertneunundsiebzig bis Achtzehnachtzig Vincent van Gogh.

Das Haus von ihm gibt es noch.»

«Van Gogh», sagt Felix. «Einer meiner Heiligen.»

«Sie können nach Cuesmes fahren und das Haus besuchen.»

«Vertreten Sie Spezialverlage, zum Beispiel für Kunst? Oder andere», sagt Felix.

«Beides. Kunstbuch und Belletristik. Sogar deutschsprachige Verlage.»

«In Belgien?»

«In Holland. Exilverlage. ‹Querido› und ‹Allert de Lange› in Amsterdam.»

«Ich habe von den Verlagen gehört. Wer kauft in Holland und Belgien deutsche Bücher?»

«Emigranten. Aus Deutschland. Aus Österreich. Bücher von Emigranten für Emigranten. Zum Beispiel von Heinrich Mann, Klaus Mann, Joseph Roth, Alfred Döblin, Egon Erwin Kisch, Schalom Asch, Anna Seghers. Es gibt natürlich den internationalen Vertrieb. Nach Frankreich, nach England, nach Amerika und so weiter. An Bibliotheken, Universitäten. Die antinazistische deutsche Literatur erscheint außerhalb Deutschlands.

Ich habe darüber viel mit Hermann Kesten bei de Lange gesprochen.»

«Ach, Kesten? Ihn haben wir zufällig in Ostende kennengelernt», sagt Felka.

Felix sagt:

«Sie vertreten mehrere Verlage?»

«Ich bin nicht angestellt. Mit nur einem Verlag komme ich nicht über die Runden.»

«Es wäre schön», sagt Frau Etienne, «wenn wir Ihre Bilder sehen dürften.»

«Aber natürlich», sagt Felix.

«Wir wollen Sie nicht bei der Arbeit stören», sagt Herr Etienne.

«Der junge Billestraet ist sehr an Felix' Bildern interessiert. Er sieht Felix manchmal beim Malen zu», sagt Felka.

Im Februar 1938 erhält Felix einen Brief.

Er sagt:

«Dr. Klein hat mir aus Amerika geschrieben. Seine Frau Rina erinnert sich an ein Bild aus der Berliner Zeit, das ihr besonders gefallen hat.»

Felka sagt:

«Deine Berliner Bilder sind doch verbrannt.»

«Aber dieses Bild nicht. Ich habe es noch. Als das Atelier brannte, war es auf einer Ausstellung.

Frau Klein läßt fragen, was es kostet und ob sie es in deutscher Mark bezahlen könnte.»

«Daß sie es kaufen möchte, finde ich schön.»

«Ich will Geld verdienen.

Ich möchte keine Unterstützung mehr von meinem Vater.

Er muß in Köln selber sehen, wie er zurechtkommt.»

Felix schreibt an die Familie Klein am 3. März 1938:

«Sie wissen gar nicht, wie sehr ich mich mit Ihren lieben Zeilen gefreut habe. Ein wahrer freundschaftlicher Gruß der Heimat, wengleich er auch aus Amerika kam. Und zu allem noch ersehe ich aus Ihrem Brief, dass Sie nach wie vor meiner künstlerischen Tätigkeit, so, wie in der guten Zeit, die Treue bewahrten, und bewahren, unbeeinflussbar durch die graufarbene Gegenwart den schönen Dingen des Lebens nicht abhold wurden. Das ist für uns Maler ein herrliches Bewusstsein.

Seit 1935 befinde ich mich in Belgien, beziehungsweise Bruxelles, und sehr häufig verweile ich in der Familie Blum, was mich außerordentlich froh stimmt. Es sind prächtige Menschen, und oft erfuhr ich dort über Ihr Wohlergehen.

Und nun erhalte ich direkt ein Schreiben von Ihnen,
zu allem noch, liebe Frau Klein, erinnern
Sie sich noch jenes Bildes […].

Also jenes Bild habe ich hier, und es ist eines der wenigen jener Berliner Zeit, das zu den geretteten gehört, da es sich während des Brandes auf Ausstellungen befand. (Sie wissen vielleicht, dass während meines Rom-Aufenthaltes meine sämtlichen Bilder unversichert abbrannten?)

Nun, Sie haben die evtl. nette Absicht, es zu kaufen, und ich tue das gerne in dem Bewusstsein, das Bild hat einen so freundschaftlichen Hafen gefunden.

Sie fragen einerseits nach dem Preis und andererseits, ob Sie es in Deutschland zahlen könnten. Seien Sie mir bitte nicht böse, wenn ich Ihnen sage, dass deutsche Mark für mich ohne jegliche Bedeutung ist, und (ich meine natürlich nur in dem Falle, wo Sie das Bild kaufen, in Dollars zahlen wollen und können) würde ich anstatt 150 Reichsmark nur 55 Mark fragen, denn 55 Mark in Belgien ist mir nützlicher als 10 000 Mark in Deutschland.

Immerhin aber habe ich heute bereits an Ihre Adresse ein Paket mit genanntem Bilde abgesandt, was Sie aber absolut nicht verpflichtet, es zu kaufen! Gleichzeitig lege ich 10 Stück Gouaches und 5 Ölbilder bei, also im ganzen 16. (Ein Ölbild stellt übrigens die Herrenteichstraße vom Wall aus gesehen in Osnabrück dar.)

Ihre so nette Hoffnung, das eine oder andere möglicherweise mal Gelegenheit zu haben verkaufen zu können, ließ mich so schnell handeln.

Wirklich, lieber Herr Dr. Klein, Sie brauchten bestimmt nicht zu betonen, dass Sie nichts daran verdienen wollen, denn ich weiß zu gut, daß Sie nur bestrebt sind, mich zu fördern, […] aber ich bin es selbst, der es gerne möchte, dass Sie 20 % vom Verkauf der Bilder für sich in Anspruch nehmen, und zwar aus dem egoistischen Grunde, dass es mir doppelten Spaß macht. Ich bitte Sie also darum, und Sie müssen es mir ernsthaft versprechen.

Was die Preise der Bilder angehen, so dachte ich mir für die Ölbilder um 75 Mark herum und die Gouachen um 30 Mark, jedoch überlasse ich es ganz und gar Ihrem Gutdünken und bin Ihnen in jedem Fall dankbar.*

[…]

Meinen l. Eltern geht es verhältnismäßig gut, – den Humor hat mein Vater noch, wenngleich ein sogenannter Galgenhumor. Es ist ein Jammer, daß alles so kommen musste. Wie ich vor zirka 6 Jahren Osnabrück verließ, um als Gast des deutschen Staates nach Rom zu reisen, hätte ich mir nicht träumen lassen, dass meine Rückfahrkarte verfallen würde. Und trotz all der Unannehmlichkeiten gab es schöne Tage. Zuerst verließ ich Rom und lebte 2–3 Jahre in Alassio und San Remo, dann erschienen meine l. Eltern und Gossels, neue Heimat suchend, und erinnerungsreiche Monate verweilten wir in Rapallo.

Alsdann zogen wir für einige Wochen nach Basel, immer wandernd und suchend. Das Ende war, dass die Eltern und Gossels nach D. zurückgingen und ich nach Paris, erhielt aber keinen Aufenthalt. Hals über Kopf lief ich in den Hafen Ostende ein, um so nach Bruxelles zu gelangen. Stets bepackt mit Rollen von Bildern und einem großen Fragezeichen im Koffer.

Nun leben Sie wohl und seien
herzlichst gegrüßt
von Ihrem

Felix Nussbaum

(*) Nachtrag: Erschiene zum Beispiel der Erbe von Rockefeller, dann können Sie ja dementsprechend den Preis heraufschrauben.»

«Was halten Sie davon: Wir kochen gemeinsam ein polnisches und ein belgisches Gericht», sagt Frau Etienne.

«Nationalgericht!» sagt Felka.

«Zuerst ein polnisches. In meiner Küche», sagt Frau Etienne.

«Ein belgisches in meiner Küche», sagt Felka.

«Ich besorge die Zutaten für das polnische», sagt Frau Etienne.

«Ich für das belgische», sagt Felka.

«Woran denken Sie?» sagt Frau Etienne.

«An Bigos», sagt Felka. «Krauteintopf.»

Frau Etienne holt Zettel und Bleistift.

«Sagen Sie mir, was ich einkaufen soll.»

«Ißt Ihr Mann mit?»

«Nein. Er ist in Amsterdam.»

«Also für drei Personen.

Schweine- und Rindfleisch gemischt, ein Pfund.

Durchwachsenen Speck, ein halbes Pfund.

Weißkohl, ein halbes Pfund. Ein Pfund Sauerkraut. Bißchen Schweineschmalz. Einen Apfel. Drei Tomaten. Drei Zwiebeln. Zwei Knoblauchzehen. Gewürze: Piment, Lorbeerblatt, Tomatenmark, Paprikapulver, Majoran, Pfeffer, Salz, Kümmel. Einen Viertelliter Rinderbrühe. Einen Viertelliter Rotwein.

Wir können Weißbrot dazu essen oder Kartoffeln.

Haben Sie eine feuerfeste Form mit Deckel?»

«Ja.»

«Das Ganze muß zwei bis drei Stunden in den Ofen.»

«Äpfel, Zwiebeln und Knoblauch habe ich im Haus. Die Gewürze auch. Und Rotwein. Wollen wir Weißbrot?»

«Ja.»

«Das besorge ich. Sie haben in Warschau oft Bigos gekocht?»

«Bei meinen Eltern? Ja, aber nicht mit Schweinefleisch. Meine Eltern essen nur koscher.»

Am 10. April 1938 schreibt Felix an die Familie Klein:

«[…] Sie baten mich, irgendetwas an Veröffentlichungen, Kritiken oder dergleichen zu senden, und lasse ich mit gleich abgehender Post (wahrscheinlich als zwei eingeschriebene Drucksachen …) an Ihre Adresse gehen. Es befindet sich darunter auch ein Büchlein, allerdings mit Kritiken aus alter Zeit. Neue Veröffentlichungen und Besprechungen habe ich leider alle in ein zu umfangreiches Buch geklebt und auch nicht doppelt. […] Auch bin ich arm an Fotos, aber wenn Ihr Unternehmen irgendwie günstig ist, dann werde ich eine Reihe herstellen lassen, so wie ich auch den Gedanken habe, die Bilder, die jeweilig bei Ihnen sind, rahmen zu lassen, denn für einen Käufer sieht ein Bild im Rahmen 100 % besser aus. Vielleicht haben Sie Beziehung zu einem Rahmenmacher, der evtl. die Rahmen liefert oder, besser gesagt, leiht. Sollte dann eines verkauft werden, dann kann man ja den Rahmen mit berechnen.

Aber wie ich sehe, so machen Sie, lieber Herr Dr. Klein, schon alles richtig, und ist es vollends Ihrer Initiative zu verdanken, dass bereits zwei Liebhaber da sind. Das hat mich außerordentlich erfreut, und wollen wir hoffen, dass alsbald sämtliche Wolkenkratzer von Amerika mit meinen Malereien geschmückt sind.

Ihre Erörterungen hinsichtlich des Publikums und der Kunst im allgemeinen sind allzu richtig. Es ist allerorten gleich. Sie werden auch schnell herausbekommen, welche Art von Bildern das Publikum bevorzugt, und könnte man dann später nach diesem ersten Versuch (natürlich nur, wenn Sie das wollen), hierauf basierend, eine ähnliche Kollektion zusammenstellen. In einigen Wochen erwarte ich aus Holland eine ganze Reihe kleiner reizvoller Ölgemälde, die ich in Rapallo verfertigte. Diese Ihnen zu senden, scheint mir recht günstig. Doch darüber sprechen wir dann noch.

Dann werde ich sie aber besser verpacken. Das tat mir sehr leid, dass das letztes Mal nicht geschah, aber ich konnte hier in Bruxelles keine jener Papprollen auftreiben, die in Deutschland üblich sind.

[…] Zufällig finde ich […] in meiner Brieftasche einen Filmstreifen, der Ihnen vielleicht Spaß macht, denn er zeigt den Antikensaal und ist aus dem Film, betitelt «Schlafende Hände», aufgenommen vom Institut für Kulturforschung. Wie Sie sehen, so bin ich auch als Filmstar tätig gewesen, allerdings nicht im Tonfilm, sondern im Farbtonfilm, wie ich ihn nannte, denn während die Kurbelmänner hinter mir standen, mich von allen Seiten beleuchteten, hatte ich zu malen. Heute allerdings werde ich wohl nicht mehr in Deutschland aufgeführt, meistens sieht man nur noch den Maler Hitler im Kulturfilm, obgleich das mit Kultur wenig zu tun hat.

[…]
Indem ich Ihnen nochmals von ganzem Herzen danke,
schließe ich für heute mit den besten Grüßen
als Ihr

Felix Nussbaum»

Felix sagt:

«Die Kleins haben mich übrigens nach Buffalo eingeladen.

Ich will ihnen schreiben, daß mir das ein bißchen zu weit ist. Aber wenn hier in Belgien mal irgend so ein Nazi ans Ruder kommt, dann vielleicht.»

Felka sagt:

«Das sagst du so, aber dann ist es schon zu spät. Ich kann mir Amerika auch nicht vorstellen.»

Das Ehepaar Etienne zu Gast bei Felix und Felka.

Die Etiennes möchten Bilder von Felix ansehen.

Felka hat den Kaffeetisch gedeckt.

Sie bittet die Etiennes, Platz zu nehmen.

«Ich habe einen polnischen Käsekuchen gebacken», sagt Felka, «einen Sernik.»

«Was bedeutet ‹Sernik›?» fragt Herr Etienne.

«Es kommt von ‹Ser›, Käse. Für den Kuchen braucht man Twarók, das ist Topfenquark, den ich aber nicht bekommen habe. Man kann auch normalen Quark nehmen.»

Felka geht in die Küche. Sie bringt auf einem runden Holzbrett den frischen runden Käsekuchen, dazu ein großes breites Messer.

Felix sagt:

«Wie gemalt.»

«Wenn du das sagst, weiß man nicht, ist es eine Kritik oder ein Lob», sagt Felka.

Felix gießt Kaffee in vier verschiedene Tassen.

Er sagt:

«Es tut mir leid, aber wir besitzen nicht vier gleiche Tassen. Die Kanne paßt auch nicht dazu.»

Felka schneidet den Kuchen in acht Stücke. Mit der breiten Seite des Messers bugsiert sie auf jeden Teller ein Stück.

«Einen Tortenheber haben wir nicht.»

«Guten Appetit!» sagt Felka. «Smaznego!»

Herr Etienne sagt:

«Hervorragend.»

«Ausgezeichnet», sagt Frau Etienne.

Felka sagt:

«Man kann den Käsekuchen auch auf dem Blech backen, aber das mag ich nicht so sehr.»

Frau Etienne schwärmt:

«Mit Rosinen und Mandeln!»

«Manche Leute mischen auch Stückchen kandierte Orangenschale in den Teig. Aranzini. Mir schmeckt es damit zu sehr nach Weihnachten», sagt Felka.

Felix, der eine Staffelei ins Zimmer gebracht und Bilder an die Wand gelehnt hat, stellt das erste Bild auf die Staffelei.

Das Ehepaar Etienne und Felka treten hinzu.

Felix sagt:

«Die Bucht von Amalfi. Eine Gouache von Dreiunddreißig.

Das nächste: Die Küste von Rapallo. Auch Neunzehnhundertdreiunddreißig. Ein Teil der Stadt, mit Bergen im Hintergrund.

Dann: wieder eine Gouache. Ein Selbstporträt von Vierunddreißig. Mit rotem Schlips.

Hier: ein Stilleben mit Kaffeekanne und Tasse. Fünfunddreißig.

Und noch eine Gouache: drei Netzflicker im Fischerhafen von Ostende. Auch Fünfunddreißig.»

Herr Etienne sagt:

«Wenn ich das sagen darf: Alle diese Bilder in farbiger Helle, heiter und gelöst.»

«Wissen Sie, wir fühlten uns als Touristen, Maler-Touristen.»

«Dürfen wir auch etwas von Ihnen sehen, Frau Felka?» sagt Frau Etienne.

«Wenn du einverstanden bist, Felka», sagt Felix. «Ich habe zwei Gouachen von dir herausgesucht, die eine von Dreiunddreißig, da hast du mich beim Zeichnen am Strand von Alassio gemalt, und dein Stilleben mit Spiegelei von Fünfunddreißig.»

Felka hat nichts dagegen.

Sie sagt:

«Aus meiner Reihe ‹Riviera Italiana›.»

Felix sagt:

«Dr. Klein hat über die ‹Verkaufsmalerei› geschrieben.

Na ja, wir kennen das. Überall die gleichen Geschmäcker, in Amerika und in Europa.

Das Publikum sucht seine Zuflucht im Harmlosen, Leichten. Es lehnt die seelenerregenden Dinge ab, die es selbst erlebt.

Der Mensch will den alltäglichen Sorgen nicht noch im Bild begegnen.

Mir geht es ja selber so.

Nimm nur mein Bild ‹Die Perlen›.»

«Ich weiß, was du meinst.»

«Ein Frauenkopf, an dessen Seite ein Jungenkopf lehnt. Die Frau trägt eine Perlenkette. Sie weint. Die Tränen verwandeln sich in Perlen, die über ihre Wange rollen. Im Hintergrund Soldaten und Grabkreuze.»

«Du brauchst es mir nicht zu beschreiben.»

«Ich könnte das Bild nicht dauernd um mich haben. Aber es ist ein Ausdruck der Zeit, das weiß ich.»

Felix schreibt am 23. Juli 1938 an Familie Klein:

«[…] Ihre Ausführungen über die Art der Verkaufsmalerei, so wollen wir sie ruhig nennen, dürfte mir bekannt sein […]. Es ist aber gut, dass Sie mir das mitteilen, ich kann mich darnach richten. […] Die Zeit ist zu schwer, um die eigenbrödlerische Welt, die sich ein Maler ausbaut, mitzuerleben, denn er erlebt sie ja selbst gewissermaßen im Geschäft, auf der Strasse, überall, und sind es die Quellen eben, aus denen der Maler schöpft […].

Natürlich baut sich meine Malerei nicht nur auf derartig bedrückenden Themen auf, sondern ich male im Gegensatz hierzu teilweise sehr lustige Dinge, wie zum Beispiel einen Maler in himmelblauer Kleidung, an dessen Füssen alte romantische Bauten und Laternen stehen, und sich hinter diese ungeheuere Wolkenkratzer erheben, erstere verdrängend. Und in der Luft da sausen noch nicht erfundene Flugzeuge. Dieses Bild aus der Zeit wird heute ebenso belustigend sein wie vielleicht in 100 Jahren.

[…]
Leider nur kann ich nicht ständig so malen, wie ich gerne möchte, denn das wirkliche Leben heißt Geld verdienen, und so zeichne und zeichne ich – einmal

Zigarettereklamen, dann ‹Weisse Woche›, ein andermal dieses und jenes. Immer versucht man, immer unternimmt man Fahrten ins Blaue.

Der Austellungsbetrieb ist hier in Belgien, wie auch in den anderen Ländern, anders und weitaus unangenehmer als früher in Deutschland. Die Ausstellungsräume werden hier gemietet, sehr teuer noch dazu, und eine Ausstellung dauert nicht länger als 10 Tage und wird gleich wieder durch eine andere abgelöst, sodass man sagen möchte, es lohnt sich gar nicht. Gemeinschaftsausstellungen zu Hunderten wie in Deutschland kennt man hier nicht, außer einer Vereinigung, die aber keine Ausländer aufnimmt, und so lebe ich ziemlicherweise vom Kunstbetrieb zurückgezogen. Gewiß, ich habe einen Kreis von Menschen, und darunter, so kann ich mit Stolz behaupten, befindet sich der große Maler James Ensor und mancher andere.

Nun, meine liebe Familie Klein, will ich schließen […]. Was meine neue Bildersendung anbelangt, so werde ich dieselbe in baldigster Zeit abgehen lassen. Es wäre sehr schön, wenn Sie einen großen weißen Bogen besäßen und jeweilig ein Bild beim Vorzeigen darauf legen würden, denn dann wirkt so ein Bild 100 % schöner. Darf ich Sie wohl bitten, sich für sich eines meiner Bilder, die Sie dorten haben, oder von denen, die ich senden werde, auszusuchen?

Für heute seien Sie wie stets mit bestem Dank gegrüßt.
Herzlichst
Ihr

Felix Nussbaum»

«Heute koche ich belgisch», sagt Felka. «Was schlagen Sie vor?»

«Essen Sie gerne Muscheln? Miesmuscheln?»

«Eher nicht.»

«Miesmuscheln und Pommes frites wären echt belgisch. Moules frites sagen wir.»

«Was wäre noch echt belgisch?»

«Rindfleisch in Biersoße. Carbonnade à la bière.»

«Klingt vertraut. Was muß ich besorgen?»

«Ißt Ihr Mann mit?»

«Ja.»

«Mein Mann auch.

Also brauchen wir ein Kilo mageres Rindfleisch. Dazu Möhren, Zwiebeln, frische Champignons, drei Scheiben Lebkuchen. Eine Flasche dunkles Bier, am besten Orval. Salz, Pfeffer, Zucker. Ein bißchen Senf, ein Stückchen Butter.

Dazu ißt man Fritten.»

«Fleisch, Champignons, Lebkuchen und Bier muß ich kaufen. Alles andere habe ich im Haus.»

«Die Fritten holen wir uns frisch von der Friterie.»

Felix schreibt am 1. September 1938 an Dr. Klein, er habe fünfzehn Bilder, «teils Gouaches und Oel», an ihn abgeschickt. Diesmal besser verpackt, in Papprollen, die er sich von seinem Vater aus Köln habe schicken lassen. In Brüssel seien solche Rollen nicht aufzutreiben.

> «[…] Hoffentlich habe ich die richtigen ausgewählt, denn das ist immer ziemlich schwer, eigentlich noch schwerer, als Bilder zu malen. Na, Sie werden ja sehen. Was ich Ihnen noch sagen wollte, und was mich etwas bedrückt, ist, gerne zu wissen, ob […] Sie auch noch irgendwelche Unkosten haben. Ich meinerseits habe die Sachen so verschickt, indem ich auf den Zollformularen angab, dass es Studien seien und keinen Handelswert besäßen. Vielleicht könnten Sie ja sagen, wenn man Sie fragt, dass ich Ihnen die Bilder lediglich zur Auswahl gesandt habe oder so, ich nehme an, dass Sie das sicher richtig machen werden. […]
>
> Ansonsten hätte ich Ihnen nicht viel Neues zu berichten. Ich hoffe, dass Sie wohlauf sind. Meine Eltern, die noch in Deutschland sind, werden von Tag zu Tag unzufriedener, und mein Vater, der die richtige Zeit verpasst hat, sieht nun keine Möglichkeit mehr, auszuwandern.

So ist es. Auch ich sehe in Belgien keine großen Möglichkeiten, aber das beste wird sein, man lässt sich treiben. Neulich hatte ich schon mal die verrückte Idee, einen Laden zu eröffnen mit Einheitspreisbildern, modern und verkäuflich, doch fehlt mir einerseits der Unternehmungsgeist und andererseits das Geld. Ich wollte dann so täglich meine drei Bilder heruntermalen, und bei meiner Rechnung sah ich mich schon reich. Für Buffalo ist das wohl genau so absurd wie für hier? Ich frage nur aus dem Grunde an, weil wir ja heute im Zeitalter der ‹Fragen nach Existenzmöglichkeiten› stehen.

Nun, meine liebe Familie Klein, will ich schließen und wünsche Ihnen allen weiter alles Gute, und ich danke Ihnen vielmals; auch wenn nichts verkauft wird, ist mein Dank nicht geringer.

Herzlichst,
Ihr

Felix Nussbaum»

Frau Etienne gibt Felka ein Buch.
«Das hat mein Mann für Sie beide besorgt. Er meint, vielleicht erinnern Sie sich gerne an die Riviera.»

Felka zu Felix:
«Das Buch hat Herr Etienne für uns mitgebracht.»
Felix:
«Erika und Klaus Mann. ‹Das Buch von der Riviera›. Erschienen Einunddreißig.»
Felix blättert.
«Herr Etienne meint, daß wir uns vielleicht gerne an die Riviera erinnern», sagt Felka.
«Aber sie schreiben nur über die französische Riviera. Halt! Nein! Am Ende kommt noch etwas über die italienische.»
Felix liest, blättert, liest.
«Die Riviera di Ponente finden sie weniger mondän, abgesehen von San Remo, aber viel teurer als die französische Riviera. Die Riviera di Levante, östlich von Genua, ist in ihren Augen luxuriöser, zum Beispiel Rapallo.»
«Nun ja», sagt Felka.
«Von Alassio erfährt man nur, daß es einen richtigen feinen Sandstrand hat und daß Familien, die auf sich halten, das Grand Hôtel d'Alassio und das Méditerranée besuchen.»
«Und San Remo?»
«Der Mittelpunkt ist das Casino Municipale. Die Altstadt eine wirkliche Sehenswürdigkeit.»

«Stimmt.»

«In der Neustadt, auf der Via Vittorio Emanuele, macht man seine Einkäufe, auf dem Corso dell'Imperatrice promeniert man. Die Manns empfehlen besonders das Grand Hôtel des Anglais, aber das Hôtel Europa lassen sie auch gelten. Genua hat ein eigenes Kapitel.»

«Und die Riviera di Levante?»

«Na, hauptsächlich Rapallo. An der Promenade das Café Aurum.»

«Da waren wir nie.»

«Hinter der Promenade die alte italienische Stadt. Verwinkelte Gassen, Arkaden, Läden.»

«Da waren wir.»

«Die Geschwister Mann wohnten im Hotel Savoia an der Promenade.»

«Das konnten sie sich leisten.»

Felix sagt:

«Ich denke gerne an die italienische Riviera. Aber die Beschreibung der Geschwister Mann weckt keine Erinnerungen. Ich habe das Gefühl, ich lese einen Hotelführer für betuchte Touristen. Was meinst du?»

«Vielleicht.»

Am 3. Juni 1938 scheibt Felix:

«Meine sehr liebe Familie Dr. Klein!

Wirklich schade, dass Sie nicht dabei waren, wie ich Ihren Brief empfing, denn es wäre Ihnen eine Genugtuung gewesen, zu sehen, wie sehr ich mich gefreut habe. Ich weiß nun gar nicht, wofür ich zuerst danken soll: für den Check über 65, 20 Dollar, für Ihr Bemühen, für Ihr Interesse und vor allem Ihr Vertrauen gegenüber meiner Arbeit, das Sie mir stets zeugten? Sei dem, wie dem sei, alle diese Danke kommen von Herzen, und doppelt erfreut war ich darüber, dass Sie mir Gelegenheit geben, und es nicht für zwecklos halten, eine andere Auswahl hinzuzufügen.

Ich bedauere es sehr, dass Sie so krank waren, und obgleich Sie bereits genesen sind, so übersende ich Ihnen dennoch meine ‹Gute Besserung› Wünsche.

Da Sie mir mitteilten, Sie würden in den nächsten Tagen ausführlich schreiben, so werde ich darauf warten, um dann alles eingehend zu beantworten, und beschließe ich diesen Brief mit hocherfreutem Gruß und Dank!

Ihr
Felix Nussbaum»

«Die Illustration der beiden Schulbücher, die du voriges Jahr gemacht hast, die hat mehr eingebracht als all die Teeservices, Teller und Fliesen, die wir bemalen und verhökern», sagt Felka.

«Ja, ‹Jan en Mie› und ‹Van Pol en Lies›. Fibeln für Schulanfänger. ‹Jan en Mie› fürs erste Halbjahr, ‹Pol en Lies› fürs zweite. Jan habe ich mit einer großen, Mie mit einer kleinen belgischen Flagge gemalt, nach dem Text ‹Wir grüßen sie mit Herz und Hand, die schöne Flagge vom Belgenland›.

Seltsam berührt hat es mich, daß die Farben der Flagge schwarz, gold, rot sind.»

Felka sagt:

«Schade, daß es keinen zweiten solchen Auftrag von einem Schulbuchverlag gegeben hat. Wenn ich nur an die großen Auflagen von Schulbüchern denke.»

«Das war kein freier Auftrag eines Verlags», sagt Felix. «Das war eine Ausschreibung des Unterrichtsministeriums, die ich gewonnen hatte.»

«Ich weiß», sagt Felka. «Trotzdem. Da hätte doch ein Schulbuchverlag mit einem freien Auftrag anbeißen können.»

«Hat aber nicht», sagt Felix.

Felix schreibt am 26. November 1938 an Dr. Klein, daß er sich angesichts der Pogrome in Deutschland große Sorgen um seine Eltern mache, die sich noch in Köln aufhielten. Anfang Oktober 1938 seien die Reisepässe der Juden im Deutschen Reich für ungültig erklärt worden.

«[…] Meine Eltern befinden sich noch in dem Teufelsbad, und man sieht, so gut man kann, zu, sie herauszuholen, was eine fast unmögliche Angelegenheit ist, denn die Länder haben sich allzu sehr gegen Auswanderer verschlossen. Es ist ein trauriges Bewusstsein, daß in unserem Zeitalter noch derartige Zustände herrschen, dazu noch in Mitteleuropa. Sie werden ja in den Zeitungen gelesen haben, wie diese Barbaren gehaust haben und noch hausen. Auch in Osnabrück muss es schlimm aussehen. Sämtliche jüdischen Männer sind verhaftet worden. Dass der Herr Dr. Jakobsohn sich das Leben genommen hat, werden Sie sicherlich wissen? Und dass Dr. Netheim schon seit langem im Gefängnis sitzt, wohl auch. Doch was soll ich Ihnen lauter ‹Miessigkeiten›, wie man so sagt, erzählen, man hilft dadurch nicht.

Was meine Arbeit angeht, was Sie ja stets interessiert, so beschäftige ich mich neuerdings mit der Porzellanmalerei, ein Gebiet, was mir einerseits viel Freude macht und andererseits ein praktischer Gegenstand ist, der sich verkaufen lässt. So tastet man und sucht man den Zwischenraum zwischen Geburt und Tod nützlich zu verbringen.

Und wie geht es den Bildern? Ich ließ an Sie am 3. September eine Sendung abgehen; da ich bisher nichts von Ihnen hörte, so mache ich mir ein wenig Sorge, ob dieselben angekommen sind. Meine beiden Briefe erhielten Sie gleichfalls? Was ich schon einmal erwähnte, so möchte ich gerne, dass Sie mir mitteilen, welche Unkosten Sie hatten, insbesondere beim Zoll, was nicht ausgeschlossen ist, denn ich möchte keinesfalls, dass Sie irgendwelche Unkosten haben, denn es ist an sich schon lieb von Ihnen, dass Sie sich so um mich bemühen und mich zu fördern suchen.

Seien Sie mir nicht böse, wenn ich meinen Brief für heute beschließe, meine Arbeit ruft, aber nichtsdestoweniger freue ich mich, mich zwischendurch ein wenig mit Ihnen unterhalten zu haben.

Seien Sie wie stets von mir herzlich gegrüßt
von Ihrem

Felix Nussbaum»

Die Verbundenheit mit Deutschland, die Felix' Eltern 1935 aus dem Schweizer Exil zurückgeführt hat, ist verschwunden.

Nach der Pogromnacht im November 1938, die sie in Köln überlebt haben, wissen sie, daß sie Deutschland endgültig verlassen müssen.

Es ist spät, Mai 1939.

Sie wollen nach Brüssel, zu Felix.

Felka sagt:

«Wie kommen deine Eltern auf die Idee, zu uns zu ziehen. Vier Leute in einer kleinen Wohnung!»

«Vielleicht ist es die Idee von Vater», sagt Felix.

«Er will zu dir. Aber deine Mutter? Ihr Liebling ist Justus. Und mit Herta versteht sie sich gut.

Stell dir das doch mal vor: Deine Mutter, die mich nicht mag, mit mir in der Küche. Sie sagt:

‹Deine polnischen Rezepte!›

Kohl kann sie nicht riechen. Sie bestimmt, was gekocht wird. Sie steht am Herd.

Ich darf das Gemüse putzen und die Kartoffeln schälen. Und das mache ich schlecht.

‹Schäl die Kartoffeln nicht so dick! Das beste steckt unter der Schale.›

Sie kocht für dich! Nicht für sich, nicht für deinen Vater.

Schon gar nicht für mich.

Wenn das Rindfleisch gar ist, schneidet sie ein besonders zartes Stück ab und gibt es dir zum Kosten.

Sie sagt mir, wie ich den Tisch decken soll.

‹Die Messer rechts vom Teller!›

Ich darf am Ende abwaschen.

Sie inspiziert den Kleiderschrank. Deine Wäsche ins oberste Fach, meine ins unterste.

Alle Stücke faltet sie noch einmal.

Zu dir sagt sie: ‹Deine Hemden sind nicht gebügelt›, und sieht mich vorwurfsvoll an.

Sie weiß nicht, daß wir gar kein Bügeleisen besitzen. Und kein Bügelbrett.

Dein Vater sitzt im Sessel, liest die Zeitung und sagt nichts.

Du stehst an der Staffelei und sagst nichts.

Ich bin die polnische Magd.

Wie soll ich das aushalten?»

Felix sagt:

«Es wird schon nicht so schlimm werden. Wir sind schließlich alle vier Flüchtlinge.»

«Ja», sagt Felka, «Flüchtlinge erster Klasse und Flüchtlinge zweiter Klasse.

Hast du vergessen, wie es in Berlin war? An Festtagen? Du wirst zur Familienfeier nach Osnabrück eingeladen. Ich muß in Berlin bleiben.

Ich passe eben nicht in die feine Gesellschaft. Eigentlich hättest du ohne mich nie hingehen sollen.»

Felix sagt:

«Es sind meine Eltern.»

«Aber ich bin deine Frau.

Soll ich alles schlucken, damit du in Frieden mit deinen Eltern leben kannst?

Muß ich das Aschenputtel spielen?

Ich tue es dir zuliebe. Aber es kränkt mich.

Es schnürt mir den Hals zu.

Und du? Vor deinen Eltern bist du seltsam. Du legst kein Wort für mich ein.

Wenn wir allein sind, ermahnst du mich: Ich soll keinen Streit anfangen, es sind schließlich deine Eltern.

Plötzlich ist deine Mutter die Hauptperson.

Sie kümmert sich um dich. Ich bin nicht mehr wichtig.»

Felix sagt:

«Ich möchte eben mit euch beiden in Frieden leben.»

Felka sagt:

«Du hast gesehen: Es geht nicht.»

Felix sagt:

«Justus kommt mit Mutter und Herta aus.»

Felka sagt:

«Herta ist auch keine Polin aus dem Judenviertel. Deine Eltern führen kein großes Haus mehr wie in Osnabrück, aber sie ändern sich nicht.

Unter ihrer Abneigung gegen mich würde sogar unser Kind leiden, wenn wir eines hätten.

Das will ich mir gar nicht erst ausmalen.»

Felix sagt:

«Meine Eltern sind in Gefahr. Ist da alles andere nicht unwichtig?»

Felka sagt:

«Nein.»

Im Mai 1939 beantragen Felix' Eltern in Köln Einreisevisa für Belgien.

Die Anträge werden abgelehnt.

Philipp Nussbaum und Rahel van Dyk-Nussbaum fliehen nach Amsterdam zu ihrem Sohn Justus.

Felix sagt:

«Die Eltern haben es sich anders überlegt.»

Anfang 1939 strömen über 500 000 Kriegsflüchtlinge aus Spanien über die Pyrenäen nach Frankreich. Sie fliehen vor den Franco-Truppen, die den Spanischen Bürgerkrieg – mit Hilfe der Hitler-Wehrmacht und italienischer Verbände – für sich entschieden haben.

Die französische Regierung unter Ministerpräsident Édouard Daladier ist überfordert.

Sie läßt entlang der französischen Mittelmeerküste provisorische Internierungslager in der Nähe von Perpignan errichten, zum Beispiel in Saint-Cyprien, Cap d'Agde, Argelès-sur-Mer und Le Barcarès.

Flächen auf dem Strand oder in dessen Nähe werden mit doppelten Stacheldrahtzäunen umgeben, bewacht von der Garde Mobile und senegalesischen Soldaten. Die Flüchtlinge kampieren zuerst auf dem Sandstrand.

Die Versorgung mit Lebensmitteln und Wasser ist unzureichend, die hygienischen Verhältnisse sind katastrophal.

Erst im Juni 1940 gibt es Strohmatten, die nach kurzer Zeit von Flöhen und Läusen befallen sind.

Nach längerer Zeit hat Felix wieder einen Dollar-Scheck von Dr. Klein bekommen.

Am 21. Juli 1939 schreibt er an Dr. Klein:

> «Ich muss Sie vor allem um Entschuldigung bitten, dass ich erst heute auf Ihren lieben Brief und den darauffolgenden mit Inhalt schöner Dollars antworte, doch ich war dermaßen in Anspruch genommen und kam keinen Abend vor 12 Uhr ins Bett. Von früh also bis spät wurde gearbeitet: Teeservice, Bonbonieren, Aschenbecher und ganze Fliesentische. Nun, heute ist der erste Tag seit Wochen, dass ich mal einige Stunden frei habe, und nichts besseres kann ich tun, Ihnen zu schreiben und Ihnen von ganzem Herzen zu danken, wie unermüdlich Sie versuchen, meine Bilder zu verkaufen. Nach jedem Bild, nach jeder Zeichnung, nach jedem Teller, den man verkauft, atmet man ein wenig auf, und aus diesem Grunde können Sie sich denken, wie erfreut ich war, als Ihr Brief eintraf. Aber das soll Sie natürlich nicht verpflichten, nur immer dann zu schreiben, wenn was verkauft ist, denn meine Beziehungen zu Ihnen, das wissen Sie ja, beruhen nicht nur auf geschäftlichem Interesse, sondern ich weiß in Ihnen aufrichtige Freunde und Verehrer meiner bisherigen Arbeit.

Wie ich oben schon schrieb, so ist mein Tag stets ganz ausgefüllt mit Arbeit, noch mehr als das, denn ich bin von höllischem Ehrgeiz besessen, außer Geldverdienenmüssen auch noch meine sogenannten verrückten Bilder weiterzumalen. Die Begeisterung zur Kunst ist trotz der Zeit, in welcher wir leben, nicht beeinträchtigt worden, im Gegenteil sogar. Gewiss, «der Schornstein muß rauchen», aber ich finde doch, daß wir, und besonders ein ernstmeinender Künstler, nicht schlapp machen darf, und so male ich dann zwischen vergnügten Bonbonieren und Fliesentischen für verwöhnte Leute auch noch meine Bilder weiter. Inzwischen hatte ich zweimal ausgestellt und mit ganz gutem Erfolg.

Es freut mich zu hören, dass es Ihnen gut geht. Meine Eltern befinden sich seit zirka zwei Monaten in Holland, wo, wie Sie vielleicht wissen, mein Bruder lebt. Leider habe ich sie bisher noch nicht gesehen, habe ihnen aber Ihre freundlichen Grüße übermittelt. Wie ich höre, so sollen sie sehr zufrieden sein, was mich glücklich macht. Sie haben Recht, seitdem wir uns schreiben, hat sich vieles verändert, mancher hat inzwischen zum Wanderstab greifen müssen, mancher schlägt sich entmutigt in der Welt umher.

Bezüglich des Osnabrücker Bildes, welches Sie für Frl. Lisbett erwerben möchten, und für diese Absicht ich Ihnen wirklich danke, bitte ich Sie, dieses Bild als kleine Aufmerksamkeit meinerseits werten zu wollen, und kommt eine Bezahlung dafür keinesfalls in Frage. Ansonsten wüsste ich nichts zu berichten, das heißt: es gibt so vieles eigentlich, aber das wäre ein ganzer Roman, doch diese zu lesen, dazu haben Sie sicher keine Zeit, und ich wiederum keine Zeit, sie zu schreiben. Vor einigen Jahren schrieb ich viel, das ist ganz eingeschlafen, wenn ich nämlich ein wenig Zeit übrig habe, wird sie dazu ausgenutzt zu malen.

Ich wünsche Ihnen nun weiter alles Gute, und ich hoffe, bald wieder von Ihnen zu hören. Indem ich Sie wie stets mit nochmaligem Dank grüße, schließe ich als
Ihr

Felix Nussbaum»

Handschriftlicher Nachtrag:

«Familie Blum bestellte ich die Grüße. – Sie werden Ihnen schreiben. Es ist für mich immer ein Stück Heimat, wenn ich mit ihnen zusammen bin.»

Felix sagt zu Felka:

«Polnische Freischärler sollen den deutschen Sender Gleiwitz überfallen haben. Das glaube ich nicht. Eine Provokation der Nazis.

Hitler hat am nächsten Vormittag gesagt: ‹Ab heute wird zurückgeschossen.›

Es ist Krieg, Felka!»

«Mein armes Polen.»

«Mein verfluchtes Deutschland.»

Felka hält Felix die Zeitung hin.

«Heute stehen die Deutschen vor Warschau. Erst vor einer Woche sind sie in Polen einmarschiert.»

«Ich weiß», sagt Felix. «Deutsche Panzer gegen polnische Kavallerie.»

«Was ist mit meinen Eltern? Vom ersten Kriegstag an haben die Deutschen Warschau bombardiert. Die ganze Stadt brennt.»

Felix sagt:

«England und Frankreich tun nichts für Polen. Dabei haben sie Deutschland am dritten September den Krieg erklärt.»

«Kann es denn sein, daß die Engländer und Franzosen Angst vor Hitler haben?»

«Ich verstehe das alles nicht.»

Seit 1936 sind der Bildhauer Dolf Ledel und seine Frau Marguerite mit Felix und Felka freundschaftlich verbunden. Felix hat Dolf Ledel vermutlich in Ostende kennengelernt, im Freundeskreis von James Ensor.

Ledel führt Felix in den Brüsseler ‹Sozialistischen Club 38› ein, der den Anhängern der belgischen Arbeiterpartei ein Ort für Diskussionen und Ausstellungen ist. Dank des Engagements von Ledel wurde am 7. Februar 1939 im ‹Club 38› eine Ausstellung mit Felix' Arbeiten eröffnet.

Die Ehepaare Ledel und Nussbaum besuchen einander jede Woche.

An einem Abend begegnen die Ledels bei Felix und Felka einem Besucher namens Kern, der vorgibt, Jude zu sein. Er bietet Felix an, ihm beim Verkauf von Keramiken zu helfen.

Ein paar Tage darauf sagt Ledel zu Felix:

«Dieser Kern ist mir unsympathisch. Ich mißtraue ihm. Seien Sie vorsichtig!»

Aber Felix vertraut Kern.

Ende September 1939. Felka schlägt mit dem Handrücken gegen die Zeitung.

«Sieh dir dieses Foto an. Ein deutscher und ein russischer General auf dem Podest. Zusammen haben sie Polen zerschlagen, und das feiern sie mit einer gemeinsamen Siegesparade in Brest-Litowsk. Sie haben ihre Fahnen ausgetauscht, die Hakenkreuzfahne und die Rote Fahne. Ich begreife es nicht.»

«Wer sind diese Generale?»

«Der Deutsche heißt Guderian, der Russe Kriwoschein.»

«Waffenkumpane. Rotbraune Beutemacher», sagt Felix.

«Die Russen hätten den Polen helfen müssen gegen die Deutschen», sagt Felka.

«Die Engländer und Franzosen auch. Aber sie haben nur zugesehen, wie Polen geschluckt wird.»

«Wir sind ganz allein», sagt Felka. «Was soll bloß aus uns werden.

Ich fürchte mich.»

Am 10. Mai 1940, 5.30 Uhr, überfällt die deutsche Wehrmacht die neutralen Staaten Niederlande, Belgien und Luxemburg.

Felix und Felka hören die Radio-Nachrichten.

Felka sagt:

«Die Deutschen kommen!»

«Amsterdam. Justus, Herta, Marianne. Meine Eltern», sagt Felix.

«Wohin sollen wir fliehen?»

«Zu spät», sagt Felix.

Am Vormittag zwei belgische Polizisten.

Sie nehmen Felix fest.

«Warum?» sagt Felix.

«Feindlicher Ausländer.»

Felka sagt:

«Blödsinn. Wir sind keine Feinde von Belgien.

Unser Feind heißt Hitler.

Nehmt mich auch mit.

Ich bin gegen Hitler.»

«Nur Männer!» sagt einer der Polizisten.

Die Polizisten drängen Felix zum Gehen.

«Moment!», sagt Felka.

Sie packt für Felix eine Umhängetasche. Unterwäsche, Hemden, Strümpfe, Seife, Handtuch, Zahnputzzeug, Kamm, Taschenspiegel.

«Wohin bringen Sie meinen Mann?»

Die Polizisten schweigen.

Felix sagt:

«Halte dich an die Billestraets und Etiennes.»

Felka umarmt Felix und weint.

Felka klopft bei Familie Billestraet.

«Sie sehen blaß aus», sagt Willy Billestraet. «Was ist los?»

«Die Polizei hat Felix abgeholt. Feindlicher Ausländer, haben sie gesagt. Sie haben nicht gesagt, wohin sie ihn bringen.»

«Ein Irrsinn, den unsere Regierung da veranstaltet.

Aber wie sollen sie unterscheiden, wer Hitlerfeind und Hitlerfreund ist.»

«Bei Ausländern? Und bei Belgiern?»

«Ich glaube, man bringt die Leute nach Frankreich. Felix läßt Ihnen bestimmt eine Nachricht zukommen.»

Frau Etienne sagt:

«Sicher muß er Belgien verlassen. Aber man tut ihm nichts an.»

«Wohin bringen sie ihn!»

«Ich weiß nicht. Vielleicht hat mein Mann etwas gehört. Er ist im Moment in Paris», sagt Frau Etienne.

Am 13. Mai 1940 flüchtet Wilhelmina, Königin der Niederlande, mit ihrer Tochter Juliana nach London, so auch die niederländische Regierung.

Die Kämpfe gegen die Deutschen werden am 14. Mai eingestellt.

Am 15. Mai, 11.45 Uhr, wird die niederländische Kapitulation unterzeichnet.

Sieben Tage nach Felix' Verhaftung, am 17. Mai, besetzen die Deutschen kampflos Brüssel, das zur Offenen Stadt erklärt worden war.

Der SS-Obergruppenführer Arthur Seyß-Inquart wird am 18. Mai 1940 von Hitler zum ‹Reichskommissar für die Niederlande› ernannt und damit zum Chef der NS-Zivilverwaltung. Er stützt sich auf ein Gremium niederländischer Staatssekretäre.

Felka sagt zu Willy Billestraet:

«Ich habe Angst vor den deutschen Stiefeln und Stahlhelmen. Ich kann nicht mehr aus dem Haus gehen.»

«Ich werde Sie in die Stadt begleiten. Die Stahlhelme wissen gar nicht, wer Sie sind.»

Frau Etienne sagt:

«Ich kaufe für Sie ein. Bleiben Sie ganz ruhig.»

Inzwischen sind seit Felix' Verhaftung fast drei Wochen vergangen.

Felka weiß immer noch nicht, wo Felix ist.

Felka bekommt Besuch von Kern.

Sie vertraut ihm und beklagt ihre Situation.

«Die Polizei hat Felix wie einen Verbrecher abgeführt.

Ich erfahre nicht, wo er ist und wie es ihm geht.

Seit die Deutschen Brüssel besetzt haben, gibt es keine Verbindung nach Amsterdam.»

«Wieso Amsterdam?»

«... zu Felix' Bruder.»

«Er hat einen Bruder in Amsterdam?»

«Mit Frau und Tochter. In Amsterdam leben auch die Eltern.»

Das belgische Parlament, das nach Limoges ausgewichen ist, billigt die Absicht des Premierministers Hubert Pierlot, mit der Regierung nach London zu emigrieren.

Zwischen Pierlot und König Leopold III. kommt es nach der Besetzung Brüssels am 17. Mai zu einem schweren Konflikt, weil der König sich weigert, der Regierung ins Exil zu folgen. Pierlot übernimmt keine Verantwortung für die Haltung Leopolds.

Am 22. Mai 1940 wird General Alexander von Falkenhausen Militärbefehlshaber von Belgien und somit Chef der Militärverwaltung.

Hubert Pierlot leitet seit dem 25. Mai 1940 die Exilregierung.

Im Auftrag von Leopold unterzeichnet General

Derousseaux am 28. Mai 1940 die belgische Kapitulation.

Der König wird mit seiner Familie unter strenger SS-Bewachung auf Schloß Laeken gefangengehalten.

Felix ist am 10. Mai 1940 mit unzähligen anderen Verhafteten in ein Zwischenlager, die Rolin-Kaserne in Etterbeek, gebracht worden.

Am nächsten Abend sperrt man die Gefangenen in Viehwaggons.

Der Zug fährt durch Belgien und Frankreich bis an die Mittelmeerküste bei Perpignan.

Die Fahrt dauert fast eine Woche. Es gibt kaum etwas zu essen und zu trinken.

Die Gefangenen landen im Lager Saint-Cyprien.

Walter Mehring:

> «Bin hinter Draht, im Sandgerölle,
> Genannt: ‹Die Pyrenäenhölle›.»

> «Das Camp de Saint Cyprien … Geprügelt wurde nur gelegentlich, wenn die Wächter, verbiesterte Bauernburschen, sich gerade langweilten. Gestorben wurde an Typhus. Erschossen bei fahrlässigen Fluchtversuchen.»

Erich Weinert:

> «Wir waren bis nah an die Küste des Mittelmeers gekommen.

Rechts vom Wege, nach dem Meere zu, lag das Strandörtchen St.-Cyprien.

Als wir den Blick nach links wendeten, entdeckten wir, daß die steppenartige ansteigende Küstenlandschaft meilenweit von Stacheldrahtzäunen durchzogen war, hinter denen es von Menschen wimmelte.

Nicht weit vor uns standen links und rechts des Weges Negersoldaten, die die ankommenden Trupps durch eine Lücke im Drahtverhau schleusten. Dabei hörten wir wieder das Geschrei wie von Viehtreibern.

Wo wurden die Kameraden da hingetrieben? Meilenweit war kein Haus und keine Baracke zu sehen.

[…]

Die Nacht wurde kalt.

Dazu machte sich der gefürchtete kalte steife Nordwind, der Mistral, auf, der uns den feinen Steppensand wie mit einem Gebläse ins Gesicht fegte, so daß sich die Augenlider entzündeten.

Wo sollten wir nun, auf flacher Sandsteppe, ohne jeden Windschutz, die Nacht verbringen?

Alles war todmüde.

Wir buddelten uns mit den Händen zwei Meter lange und einen halben Meter tiefe Gräben in den Sand und legten uns darin lang, alte Wäsche um Hals und Ohren gewickelt, und versuchten, trotz der Kälte, die vor allem unsere Füße starr machte, zu schlafen.

Es ging nicht.

Nach kurzer Zeit hatte der Wind so viel Sand über einen geweht, daß man Gefahr lief, sich selbst zu begraben.

Wir standen wieder auf und liefen trappsend und uns schüttelnd umher.

Als der Morgen kam, standen wir mit eingezogenen Köpfen verdreckt und unrasiert in der Landschaft.»

Ein deutscher Spanienkämpfer sagt:

«Une grande nation culturelle hält uns wie Vieh!»

Ein anderer:

«Und die Viehtreiber sind Soldaten aus ihrer afrikanischen Kolonie.»

«‹Tirailleurs sénégalais›», sagt der deutsche.

Abel Paz:

«[…] anfänglich eine Sandfläche, umgeben von Stacheldrahtzäunen, hinter denen die Senegalesen mit dem Gewehr in der Hand die Herde bewachten […]

[…] ich kam auf den Gedanken, zu fragen, wo sich denn die Toiletten befänden. […]

Die Antwort war ein allgemeines Gelächter: Alle drehten sich zum Meer um und zeigten auf den Strand.

‹Dort, auf der Daladier-Promenade, hast du die Toiletten. Du musst nicht anstehen, und das Einzige, was du tun musst, ist darauf zu achten, daß du nicht in Scheiße trittst […]›

[…] Ich entfernte mich von der Gruppe und begann, mir in diesem Labyrinth aus Löchern und Hütten einen Weg in Richtung Daladier-Promenade zu bahnen, und als ich an den Punkt kam, an dem die Meereswellen ihre Kraft verloren und ihre Schaumspur hinterließen, zog ich mir die Hosen herunter, um meinen Anteil an diesem Scheißhaufen zu liefern.»

Alfred Kantorowicz:

«St. Cyprien, genannt die Hölle von Perpignan, wo man siebentausend deutsche und polnische Juden aus Belgien und Holland einpferchte. Es gab ein Brot für neun Mann am Tage, kein Eßgeschirr, tagelang nichts Warmes, Ruhr und Dysenterie verbreiteten sich, keine Medikamente, keine Ärzte.

Die Flüchtlinge starben, wo sie lagen oder standen.

Die Wachen schlugen im angetrunkenen Zustand mit Gewehrkolben drein, um Ordnung zu schaffen.

Es kam so weit, daß viele Juden sich nach Deutschland zurückmeldeten, als einmal eine deutsche Kontrollkommission erschien.»

Das Lager wurde schließlich in 13 Blöcke unterteilt. In jedem Block entstanden 28 Baracken. Jede Baracke war mit 75 Gefangenen belegt.

Felix prägt sich Bilder ein:

Ein Kauernder auf einer Kiste.

Gefangene, die um eine Kiste hocken, die als Tisch dient. Darauf ein Globus, der aus Pappe und Stacheldraht gemacht ist. Davor Abfälle, Ratten. Ein Gefangener, zur Flucht bereit, macht sich auf den Weg.

Eine Baracke, mit Wellblech gedeckt. Vor der Wand vier Betende. Ein fünfter Mann abseits auf dem Sand.

Felix denkt sich Männer, in Gebetsmäntel gehüllt, die Baracke als behelfsmäßige Synagoge. Im Vordergrund eine leere Konservendose, ein zerrissener Schuh, ein Stück Stacheldraht.

Im Lager ist an Malen oder Zeichnen nicht zu denken.

Mitten unter den Gefangenen, die herumstehen, herumsitzen, herumliegen, erkennt Felix seinen Freund aus Osnabrück, Georg Meyer.

«Mensch! Georg!»

«Felix!»

«Wir müssen hier weg!»

«Ich weiß nicht, wie. Legal gibt es keinen Weg. Auf Ausbrecher schießen die Senegalesen.»

Mitte Juni 1940.

Georg Meyer zu Felix:

«Es wird erzählt, die Nazis sind in Paris einmarschiert. Ohne Kampf.»

«Ohne Kampf?»

«Paris war Offene Stadt. Wie Brüssel.»

«Wenn sie in Paris sind, dann sind sie bald überall in Frankreich. Auch hier.»

«Die Senegalesen laufen weg, und die Nazis übernehmen das Lager.»

«Also uns.»

«Vielleicht können wir mit den Senegalesen abhauen.»

«Seltsame Vorstellung. Wir fliehen mit unseren Bewachern, weil wir plötzlich einen gemeinsamen Feind haben.»

«Ich will mich umhören, was erzählt wird. Irgendwer erfährt etwas und gibt es weiter.»

«Du weißt nie: Sind es Gerüchte, oder sind es Tatsachen.»

Am 22. Juni 1940 unterschreiben Generaloberst Wilhelm Keitel und Armeegeneral Charles Huntziger den Waffenstillstandsvertrag zwischen dem Deutschen Reich und Frankreich.

Der Absatz 2 des Artikels 19 dient dem Deutschen Reich dazu, rassisch oder politisch verfolgte Emigranten zu fassen.

Er lautet:

> «Die französische Regierung ist verpflichtet, alle in Frankreich sowie in den französischen Besitzungen, Kolonien, Protektoratsgebieten und Mandaten befindlichen Deutschen, die von der Reichsregierung namhaft gemacht werden, auf Verlangen auszuliefern.»

Felix zu Georg Meyer:

«Die deutschen Spanienleute sagen, Frankreich hat kapituliert.»

«Das habe ich gehört. Dann sind die Nazis bald da.»

«Nicht direkt. Die Spanienleute sagen, die Deutschen haben Nordfrankreich besetzt und die Küstengebiete am Ärmelkanal und am Atlantik.

Der südliche Rest von Frankreich ist nicht besetzt und steht unter einer Marionettenregierung. Die sitzt in Vichy.»

«Das läuft aufs selbe hinaus.»

«Der Regierungschef ist Pétain.»

«Pétain macht alles, was die Nazis wollen. Er liefert uns aus.»

«Später.»

«Uns bleibt eine Galgenfrist.»

«Die müssen wir nutzen.»

«Aber weißt du, wie das gehen soll? Die Wachen bleiben. Sie haben nur einen neuen Herrn.»

«Pétain.»

«Den Kollaborateur.»

Seit Felix festgenommen wurde, treffen sich Felka und Frau Etienne beinahe jeden Tag.

Hat Frau Etienne für Felka eingekauft, dann bringt sie Felka die Einkäufe am späten Vormittag.

Meist geht Felka am Nachmittag zu ihr.

Frau Etienne sagt:

«Mein Mann ist ständig unterwegs. In dieser Stadt, in jener Stadt.

Bei Buchhandlungen, bei Verlagen.

Manchmal sehe ich ihn vierzehn Tage lang nicht. Ich mache ihm deshalb Vorwürfe.

Aber er sagt: ‹Was soll ich tun. Das ist unsere Existenz. Davon leben wir.›

Und er hat ja recht.

Ich sage mir auch: Was ist das schon gegen Ihre Lage. Ihr Mann ist seit Anfang Mai fort.

Sie wissen nicht, wo er ist, wie es ihm geht, wann er zurückkommt.»

Anfang Juli 1940.

Felka sagt:

«Ich habe Nachricht von Felix. Er hat auf ein Stück Zigarettenschachtel geschrieben: ‹Ich bin in einem Lager bei Perpignan. Mir geht es gut.›

Es ist seine Schrift.

Jemand hat mir die Nachricht geschickt.

Ohne Absender.

Also jemand, der das Lager verlassen konnte.

Der von Felix unsere Adresse bekommen hat.

Wie gut es ihm geht, kann man sich denken. Wenn er nicht einmal Papier hatte, um mir zu schreiben.»

Frau Etienne:

«Es wird wohl so sein, daß Ihr Mann die Nachricht deshalb auf eine Zigarettenschachtel geschrieben hat, weil er diesen Jemand nicht mit einer separaten Nachricht belasten wollte. Bei einer Kontrolle fällt eine Zigarettenschachtel nicht auf. Ihre Adresse hat sich der Jemand gemerkt.»

«Perpignan, Perpignan …»

«… liegt im Süden von Frankreich, in der Vichy-Zone. Jedenfalls ist Ihr Mann dort nicht dem direkten Zugriff der Deutschen ausgesetzt.»

«Aber die Vichy-Regierung hört auf die Deutschen.»

«Noch ist es ein kleiner Unterschied, sagt mein Mann. Er sagt, in Marseille hausen immerhin viele deutsche Emigranten.»

Felka ist krank, sie hat Schmerzen.

Ein Arzt, den Frau Etienne geholt hat, findet keine Ursache.

«Es ist Ihre Seele», sagt er.

Felka zu Frau Etienne:

«Ich habe alles, was ich konnte, für Felix getan, damit er Zeit und Ruhe zum Malen hatte.

Aber er hat sich von mir zurückgezogen.

Er war in letzter Zeit oft ungeduldig, nervös, ungerecht.»

Frau Etienne:

«Das ist bitter, aber Sie dürfen ihm das nicht vorwerfen.

Sie sind nicht der Grund für sein Verhalten.

Der Grund, das sind die unsicheren Verhältnisse, das ist … wie soll ich es nennen … die Aussichtslosigkeit.»

Ein heller Sommertag.

Frau Etienne und ihr Mann haben Felka zum Tee eingeladen.

Felka freut sich, Herrn Etienne zu sehen.

Er sagt:

«Ich bin jetzt öfter zu Hause. Die Geschäfte gehen schlecht.

Die Zensur der Nazis.

Die Verlage geschlossen oder unter Nazi-Kontrolle.

Der Buchhandel lebt gerade noch. Viele Buchhändler sind auf Schreibwaren umgestiegen.

Aber lassen wir das.

Sie haben von Ihrem Mann ein Lebenszeichen bekommen.»

Felka sagt:

«Das macht mir Mut. Ich will jetzt nicht nur auf Felix warten. Ich will wieder malen.»

«Eine gute Idee», sagt Frau Etienne.

Felka sagt:

«Ich möchte Sie gerne porträtieren.

Eine junge, glückliche Frau.

Es wäre eine Freude, ein Bild von Ihnen zu machen.»

«Ich habe nichts dagegen.»

Herr Etienne:

«Sie müssen mir aber versprechen, daß ich Ihre Arbeit honorieren darf.»

Die französische Regierung unter Marschall Philippe Pétain in Vichy beeilt sich, der deutschen Forderung nach Auslieferung aller Deutschen nachzukommen.

Im Juli 1940 schickt die Lagerleitung von Saint-Cyprien einen ersten Transport auf die Reise.

Mit dem zweiten Transport verlassen Felix und Georg Meyer Saint-Cyprien.

Ein Mann, den Felix aus dem Lager kennt, sagt:

«Sie wollen doch nicht wirklich nach Deutschland verfrachtet werden.»

«Natürlich nicht!»

Georg Meyer sagt:

«Irgendwo unterwegs wollen wir weg.»

«Das will ich auch», sagt der Mann. «Von einem Genossen, der mit dem ersten Transport abgegangen ist, habe ich Nachricht bekommen.

Der Zug unterbricht die Fahrt in Bordeaux.

Dort ist der Genosse abgeschwirrt.»

«Bordeaux liegt in der besetzten Zone», sagt Felix.

«Ja. Da mußt du besonders aufpassen. Überall deutsche Feldpolizei.»

«Und die französische Polizei, die mit den Deutschen kollaboriert.»

«Mein Genosse ist in die unbesetzte Zone zurückgegangen und hat es nach Marseille geschafft.»

Ein anderer sagt:

«Hauptsache, wir sind aus Saint-Cyprien weg. Schlimmer als dort kann es in Deutschland nicht werden.»

«Wenn du dich da mal nicht gewaltig irrst», sagt der Mann, den Felix aus dem Lager kennt.

«Glaubst du, die Nazis verzeihen dir, daß du gegen Franco gekämpft hast? Sie stecken dich ins KZ.»

Vorerst endet der Gefangenentransport nach zehnstündiger Fahrt in Bordeaux am Bahnhof Saint-Jean.

Die Gefangenen marschieren, streng bewacht, zu einer Kaserne.

Felix und Georg Meyer gehen nebeneinander.

Georg Meyer leise zu Felix:

«Keine Chance.»

In der Kaserne treffen sie auf die Gefangenen des ersten Transportes.

Kaum jemand, der nicht zu flüchten vorhat.

Felix zu Georg Meyer:

«Wenn der Transport nach Deutschland abgeht, ist es zu spät. Wir müssen schnell aus der Kaserne raus.»

Georg Meyer beobachtet einen Milchmann, der leere Kannen aus der Küche holt.

Zu Felix sagt er:

«Mit dem hauen wir ab.»

«An der Wache vorbei? Wie soll das gehen.»

Georg Meyer drückt dem Milchmann Geld in die Hand und sagt:

«Nehmen Sie uns mit? Wir können Ihnen helfen, die Kannen zu Ihrem Wagen zu bringen.»

Der Milchmann: «Wir müssen die volle Stunde abwarten. Dann wird der Posten am Tor abgelöst. Er hat gesehen, daß ich allein reingekommen bin.»

Dem nächsten Wachposten sagt der Milchmann, Georg

Meyer und Felix, die die leeren Kannen heranschleppen, seien seine Gehilfen.

Der Posten nickt.

Georg Meyer und Felix laden die Kannen auf und klettern auf das Milchauto.

Der Milchmann fährt in Richtung Süden und setzt Felix und Georg Meyer nach einer Viertelstunde ab.

Es ist früher Abend.

Georg Meyer und Felix kennen Bordeaux nicht. Sie wandern kreuz und quer, bis es dunkel wird.

Georg Meyer zu Felix:

«Wir müssen von der Straße weg. Wahrscheinlich patrouillieren die Deutschen nachts.»

Felix und Georg Meyer wagen nicht, Passanten nach dem Weg zu einem Bahnhof zu fragen.

«Wir könnten jemandem in die Arme laufen, der uns am Akzent als Deutsche erkennt und uns in die Irre schickt.»

Schließlich steigen sie in einen Bus, der bis in einen Vorort fährt. Sie wissen nicht, wo sie sind. Aber sie finden einen Bahnhof.

Der Bahnhofsvorsteher nimmt von Georg Meyer Geld an.

Georg Meyer zu ihm:

«Wir wollen nach Brüssel.»

Auf Gleis 1 steht ein Rotkreuzzug. Als der Wachposten auf dem Bahnsteig ihnen auf seinem Kontrollgang den Rükken zukehrt, bringt der Vorsteher die beiden zum letzten Wagen.

Er sagt:

«Gehen Sie in das letzte Abteil. Es ist leer.»

Er gibt Felix ein beschriftetes Pappschild und sagt:

«Ziehen Sie die Tür- und Fenstervorhänge zu. Hängen Sie das Schild an die Abteiltür. Der Zug fährt ohne Halt bis Brüssel durch.»

Auf dem Schild steht in großen Buchstaben:

«Achtung! Typhus!»

Kurz vor der Abfahrt kontrollieren deutsche Soldaten die Abteile.

Im Nebenabteil ein lauter Wortwechsel.

Die Deutschen nehmen jemanden fest und führen ihn ab.

Das Abteil von Felix und Georg Meyer meiden sie.

Der Zug endet am Vormittag nach elf Stunden Fahrt in Brüssel-Süd.

Felix zu Georg Meyer:

«Ohne dich hätte ich es nicht geschafft.»

«Unsinn. Mach es gut, und bleib gesund.»

«Wohin gehst du?»

«Erst einmal zu Familie Blum. Du gehst zu Felka. Grüße sie.»

«Besuch uns bald.»

Felix macht sich auf den Weg in die Rue Archimède 22.

Felka öffnet die Wohnungstür.

Felix und Felka umarmen einander und weinen.

Jetzt lebt Felix in Brüssel illegal.

Der amtlichen Meldepflicht kommt er nicht mehr nach.

Sein deutscher Paß ist bei der Flucht aus dem Lager Saint-Cyprien verlorengegangen.

Der belgische Fremdenpaß ist ungültig, weil Felix sich nicht mehr meldet, um die Gültigkeit verlängern zu lassen.

Felka, die die Gültigkeit ihres Fremdenpasses verlängern läßt, wird gefragt:

«Wo ist Ihr Mann?»

«In Frankreich. Im Internierungslager. Das wissen Sie doch!»

Der erste Weg am Tag der Rückkehr führt Felix und Felka zum Ehepaar Etienne.

Herr Etienne besteht darauf, eine Flasche Champagner zu öffnen.

Frau Etienne umarmt Felka.

Felix schenkt den Etiennes sein Bild ‹Getreideernte bei aufziehendem Gewitter›. Er sagt:

«Ein Zeichen.»

Die Etiennes bitten Felix und Felka in ihr Wohnzimmer. Über dem Kamin hängt Felkas Porträt der Frau Etienne.

Felix bleibt lange davor stehen.

Herr Etienne sagt:

«Das Bild gefällt uns. Es macht uns viel Freude. Was meinen Sie?»

Felka sieht Felix fragend an.

Aber Felix sagt nichts.

Herr Jacque, der Besitzer des Hauses in der Rue Archimède 22, der parterre wohnt, ist besorgt.

Er sagt zu Felix:

«Sie dürfen nicht in Ihrer Wohnung bleiben. Die Behörde kennt die Adresse. Ich richte Ihnen unsere Mansarde ein. Den Wohnungsschlüssel behalten Sie. Was Sie brauchen, holen Sie sich aus der Wohnung.»

In der Mansarde malt Felix Gouachen.

Es bleibt ihm der Blick aus dem Mansardenfenster auf Hinterhofmauern, Dächer, Schornsteine.

Und auf die Ausstattung der Mansarde – die Staffelei, angefangene Bilder, einen Krug mit Pinseln, ein Schreibpult, ein Bücherregal, Grafikmappen, Bücher.

Felix malt eine Karikatur des Porträts von Frau Etienne. Er gibt der Figur einen überlangen dünnen Hals und einen übergroßen Kopf mit hervorquellenden Augen. Das Bild einer schönen, glücklichen Ehefrau, das Felka in Frau Etienne sehen wollte, ist zu einem Spottbild verzerrt.

Als Felka die Karikatur zu Gesicht bekommt, fängt sie zu weinen an.

«Du bist so … so … Warum tust du das!»

Felix sagt:

«Die Proportionen deines Porträts stimmen nicht!»

Felka:

«Fritz Steinfeld hat mich einmal eine tüchtige Malerin genannt, eine begabte Porträtistin.

Damals habe ich Fritz geantwortet: ‹Das ist doch alles Dreck neben Felix.›

Du hast gemeint: ‹Mir gefallen ihre Porträts. Sie kann viel, die Felka.›

Ich habe dir gesagt: ‹Du lügst!›

Damals haben wir gelacht. Heute sehe ich: Du hast gelogen. Zeig deine Karikatur nicht den Etiennes!»

«Ich schenke sie ihnen.»

Herr Etienne zögert, die Gouache anzunehmen.

«Herr Nussbaum, ich bitte Sie. Darüber wird sich meine Frau nicht freuen.»

Frau Etienne am Abend zu ihrem Mann:

«Die arme Frau. Sie sorgt für ihn. Warum tut er ihr das an.»

«Und uns. Er zweifelt an unserem Kunstverstand.»

Willy Billestraet und Frau Etienne kaufen für Felix und Felka ein.

Willy Billestraet zu Frau Etienne:

«Felix hat mir gesagt: Seit seiner Rückkehr hat er kein Geld.»

Frau Etienne:

«Ich erwarte für die Einkäufe kein Geld von ihm.»

«Ich auch nicht.»

Willy Billestraet kauft Bilder von Felix.

Er verschafft ihm bei Freunden und Bekannten Aufträge.

Felka malt im Auftrag Porträts nach Fotos.

Paul Blum läßt Felix durch Boten Geld zukommen, wie er es versprochen hat.

Wie schon zuvor bemalen Felix und Felka Keramiken, die sie an Geschäfte verkaufen.

Auf seinen Wegen zu den Abnehmern riskiert Felix, in deutsche Straßenrazzien zu geraten.

Am 27. Mai 1942 verfügt die deutsche Militärregierung in Belgien, daß Juden ab Juni den ‹Judenstern› zu tragen haben. Die Kennzeichnungspflicht tritt am 3. Juni in Kraft.

Frau Etienne klopft an die Tür von Felix und Felka.

Sie sagt:

«Nur kurz: Hier ist die ‹Brüsseler Zeitung›.»

Sie zeigt auf die Meldung:

«Lesen Sie das. Es ist furchtbar.»

Frau Etienne verabschiedet sich.

Felka liest.

Sie sagt:

«Jetzt auch in Belgien.»

«Was?»

«Wir müssen den gelben Stern tragen.»

«Erinnerst du dich», sagt Felix. «Wir waren noch in Rom. Nach dem Nazi-Boykott-Tag am ersten April Dreiunddreißig erschien in der ‹Jüdischen Rundschau› ein großer Artikel von Robert Weltsch. Überschrift: ‹Tragt ihn mit Stolz, den gelben Fleck!›»

«Daran erinnere ich mich nicht. Wo hast du die ‹Jüdische Rundschau› gelesen?»

«In der Villa Massimo. Die lag dort aus.»

«Dreiunddreißig gab es in Deutschland noch keine Kennzeichnung der Juden. Die kam erst Einundvierzig», sagt Felka.

«Weltsch bezog sich mit dem ‹gelben Fleck› aufs Mittelalter. Er wollte, daß Juden Selbstbewußtsein zeigen.»

«Heroisch.»

«Heute, wo Juden als Schlachtopfer gestempelt werden …»

«Anachronistisch.»

«Vielleicht sind anständige Belgier freundlich zu Leuten mit dem Stern.»

«Vielleicht», sagt Felka. «Aber die belgischen Nazis?»

«Die freuen sich darüber, daß die Juden markiert sind. Ich jedenfalls trage den Stern nicht! Ich lasse mich nicht brandmarken. Das ist *mein* Selbstbewußtsein.»

«Und meines.»

April 1942.

«Ich habe mit Dr. Grosfils gesprochen», sagt Felix. «Er ist bereit, die Bilder zu verwahren. Bei sich im Keller und bei seinem Kollegen, Dr. Lefèvre, einem Freund.»

Felka:

«Das ist gut. Aber wie kriegen wir die Bilder zu ihm in die Avenue Brugman.»

«Ich nehme sie aus dem Keilrahmen …»

«… und rollst sie zusammen. Das habe ich nicht gemeint. Du mußt mit den Rollen durch die Stadt. Das ist auffällig.»

«Ich gehe nachts.»

«Das ist gefährlich. Du kannst von den deutschen Patrouillen kontrolliert und festgenommen werden!»

«Ich muss gehen.»

«Ich fürchte mich», sagt Felka.

Im Mai und Juni bringt Felix über hundert Bilder zu Dr. Grosfils.

An Paul und Erna Blum schreibt Felix:

«Ich bin es gewohnt, und wohl auch begabt, wie man sagt, durch Farbe und Form und ebenfalls auch gesprochenes oder geschriebenes Wort meine innersten Gefühle zum Ausdruck zu bringen. Doch heute scheint mir die Feder zum Schreiben wie Blei so schwer in der Hand zu liegen, und ich ringe und suche, um die allerschönsten Worte zu finden, die Ihnen beiden zeigen würden, wie freudig erregt mein Herz Ihnen entgegen als Dank schlägt. Dank, den Sie ja nicht verlangen, Dank, der so fein und edel klingen möge wie Ihre Handlungsweise gegenüber uns, ich aber möchte ihn dennoch aussprechen. Was Sie von uns erbitten, ist, ‹dass wir gut essen›. Wie schön, rein und einfach ist so ein Satz. Ich möchte ihn herausschreien in alle Welt, dass sein Echo im Labyrinth niemals verstumme. […]

Es ist ja nicht nur das unsrige Zimmer, in welches Sie, etwas über die Brille lugend, begleitet von dem bejahend zustimmenden Nicken Ihrer l. Gattin, hineinblicken, um sich davon zu überzeugen, ob der Tisch auch gedeckt ist, sondern es sind deren viele Zimmer und Stuben, deren Bewohner Sie nicht einmal bei Namen kennen. Und wenn ich dieses imstande sein sollte so auszudrücken, wie es in meiner Seele klingt –

wie viel Liebe bricht da ein in die Finsternis, wie bejahend wird dann das Leben trotz seiner Gefahren, drohenden Abgründe, unergründlichen Meere, seiner Klippen, seiner dornigen Blumen, dass ich Ihnen doppelt Dank schulde. [...]

Felka sagte mir: ‹Nur ein Vater und eine Mutter können so herzlich und selbstverständlich handeln.› [...]

Lieber Herr und Frau Blum! Ich weiß, ich würde Sie verletzen, würde ich auch nur ein Wort über einen Schuldschein erwähnen, und sehe ich davon ab. Es hieße, einen klaren, durchsichtigen, silbrigen, fröhlich plätschernden Bach zu trüben, aber eine hier keineswegs mit korrespondierende Bitte hätte ich dennoch an Sie, und die wäre, falls mir etwas zustoßen sollte, sich meiner Angelegenheiten, die sich bei Dr. Grosfils, Ave. Brugmann 255, befinden und bei dessen Freund Dr. Léfèvre, anzunehmen, über welche ich Ihnen Vollmacht erteile. Ich wäre Ihnen auch dafür dankbar.

Und so schließe ich mit den besten Wünschen
und nochmaligem innigen Dank an Sie beide als
Ihr

Felix Nussbaum»

Felix wird zugetragen, daß Kern sich als Mitarbeiter der Gestapo zu erkennen gegeben hat.

Entsetzt eilt er zu Dolf Ledel.

«Sie hatten recht, Kern zu mißtrauen.

Wir sind verloren!»

Marguerite Ledel:

«Beruhigen Sie sich. Sie kommen mit Felka noch heute zu uns. Wir haben Platz genug.»

Felix, zurück bei Felka:

«Felka, wir können bei Ledel untertauchen.

Pack das Nötigste ein.

Keinen Koffer, nur eine Tasche.

Wenn es dunkel ist, verlassen wir das Haus.»

Felka:

«Ich habe mich gerade an die Mansarde gewöhnt. Jetzt schon wieder eine andere Bleibe.»

Felix:

«Ja, es muß sein.»

Seit diesem Abend im Herbst 1942 wohnen Felix und Felka im Hause von Dolf und Marguerite Ledel in der Avenue Nouvelle 6, im Stadtteil Etterbeek. Marguerite Ledel ist Deutsche.

Felix geht in den nächsten Wochen manchmal abends in die Rue Archimède, um Sachen aus der Wohnung zu holen.

Er trifft Christian Jacque, den Sohn des Hausbesitzers.

Christian Jacque sagt:

«Dieser Kern hat bei uns paarmal gefragt, wo Sie sind. Aber das wissen wir nicht.»

Felka sagt zu Felix:

«Ich muß etwas tun. Ich kann das nicht gut aushalten: angewiesen auf …, abhängig von …»

Felka hilft Marguerite Ledel im Haushalt; in der Küche, beim Saubermachen, mit der Wäsche. Am liebsten nimmt sie sich der zweijährigen Karin Ledel an. Sie spielt mit ihr, trägt sie herum, füttert sie.

Zu Marguerite Ledel sagt Felka:

«Sie brauchen keinen Babysitter mehr. Ich kümmere mich um Karin, wenn Sie aus dem Haus gehen.»

Dolf Ledel modelliert eine Porträt-Büste von Felix.

Felix findet einen Platz in Ledels Atelier und bemalt Teller, die im Brennofen gebrannt werden können. Marguerite verkauft sie für Felix unter ihrem Namen.

In Ledels Atelier bemalt Felix auch eine Truhe.

Er bemalt sie gemeinsam mit dem Maler Carl Rabus.

Rabus war wie Felix am 10. Mai 1940 in Brüssel verhaftet und in das Lager Saint-Cyprien deportiert worden. 1941 gelang ihm die Flucht nach Brüssel. Auch er wohnt eine Zeitlang bei den Ledels.

Für Karin Ledel malt Felix in ihrem Kinderzimmer auf die Tapete in halber Höhe eine Elefantenherde, die um das ganze Zimmer zieht.

Felix fühlt sich bei den Ledels wohl.

1943, März.

An einem Morgen sagt Marguerite Ledel zu Felix und Felka:

«Ich habe Nachricht bekommen, daß ich nach Deutschland zurückmuß, um in der Industrie zu arbeiten.»

Dolf Ledel:

«Das machen wir natürlich nicht mit. Wir müssen Brüssel so schnell wie möglich verlassen. Kommen Sie mit uns! Wir gehen in ein kleines Dorf in den Ardennen. Nach Natoye. Dort leben Freunde.»

Felka sagt:

«In ein Dorf? In den Ardennen? Wo sollen wir dort wohnen. Wovon sollen wir leben.»

Dolf Ledel:

«Wo wohnen. Wovon leben. Auf dem Land, bei Freunden, findet sich das.

Wir sind jedenfalls sicherer als in Brüssel.

Überlegen Sie es sich.»

Felix und Felka reden lange miteinander.

Am Abend sprechen sie mit Dolf und Marguerite Ledel.

«Felka möchte nicht mitgehen.»

Dolf Ledel:

«Wo um Himmels willen wollen Sie bleiben?»

Marguerite Ledel:

«Karin wird Sie vermissen.»

Felix:

«Wir gehen zurück in die Rue Archimède. In unser Mansardenversteck.»

Dolf Ledel:

«Aber von dort sind Sie zu uns geflohen, wegen Kern.»

Felix:

«Der Sohn des Hausbesitzers, Christian Jacque, hat mir erzählt: ‹Es gab Razzien. Wir haben den Gestapo-Leuten Ihre leere Wohnung gezeigt und haben gesagt: Die Wohnung steht schon lange leer. Wir wissen nicht, wo die Leute sind.›»

Felix schreibt einen Abschiedsbrief:

«Liebe Margret, lieber Dolf!
Da wir Euch wegen an sich geringfügiger häuslicher Angelegenheiten ein gewisses Unbehagen zeigten und Euch damit stark zur Last fielen und dieses zu Auseinandersetzungen führte, halte ich eine räumliche Trennung insofern als erforderlich, um die [...] in der Seele wurzelnde Wertschätzung, die wir zueinander gegenseitig hegen, zu bewahren. Wesentlich, und was rechnet, ist die spontane Handlungsweise Eurerseits, uns vor einigen Monaten die Türen Eures Heimes geöffnet zu haben. Bevor wir uns nun, wie bereits gesagt, voneinander ‹räumlich› trennen, möchte ich, anstatt ein sich im Kosmos verlierendes ‹Danke› auszusprechen, einige Worte niederschreiben, die gleichzeitig auch für die heute noch kleine Karin ein nicht uninteressantes Dokument darstellen, und zwar, dass es ihren Eltern zu Ehre gereicht, während des großen Krieges zwei heimat- und obdachlos herumirrende Juden – gegen das Okkupationsgesetz verstoßend – bei sich beherbergt zu haben. Du, liebe kleine Karin, wirst Dich beim Lesen dieser Zeilen nicht mehr an Onkel Felix und Tante Felka erinnern, Dein erstes großes Bett in Deiner Wohnung, welches wir Dir mit aufrichtiger Freude schenkten, und auf welchem wir Dir beim Abschiednehmen von Deinen Eltern, um in

ein anderes Versteck zu flüchten, aus welchem wir hoffentlich beide gesund und befreit herauskommen werden, alle guten Wünsche für Deine Zukunft legten.

Felix und Felka Nussbaum

Bruxelles, am 1. April 1943
6 Ave. Nouvelle»

Anfang Juni 1943. Felix und Felka wieder in der Rue Archimède 22.

Die dürftige Ausstattung der Mansarde, die Unausweichlichkeit der Enge, der Ausblick auf Hinterhofmauern – Felix und Felka sind oft gereizt und niedergeschlagen.

Obgleich beide bemüht sind, sich nichts anmerken zu lassen, sieht Willy Billestraet, der sie manchmal aufsucht, daß Abhilfe geschaffen werden muß.

Billestraet bespricht sich mit seinem Vater.

Der weiß einen Ausweg.

Im Haus der Familie Billestraet in der Rue Général Gratry 23 öffnet er Felix ungenutzte Räume im Souterrain als Ausweichquartier und Atelier. Hier kann Felix wieder mit Ölfarbe malen.

Allerdings bleiben Felix und Felka auf die Mansarde in der Rue Archimède als Unterschlupf angewiesen.

Sie müssen in der Dunkelheit den Weg auf sich nehmen und leben in ständiger Gefahr, unterwegs aufgegriffen zu werden.

Im Herbst 1943.

Die Familie Billestraet hat Jaqui, dem Sohn einer jüdischen Familie aus Paris, Unterkunft gewährt.

Der Junge geht eines Vormittags unbekümmert zum Friseur.

Der Friseur fragt:

«Warum bist du nicht in der Schule?»

Der Junge:

«Ich bin Jude. Ich darf nicht in die Schule gehen.»

Der Friseur:

«Wo wohnst du?»

«Bei Familie Billestraet.»

Der Friseur benachrichtigt die Billestraets, die er gut kennt.

Jaqui wird vorsichtshalber zu seiner Familie zurückgebracht.

Der Gestapo-Mann Kern hat es nicht aufgegeben, Felix und Felka aufzuspüren.

Er hatte nur anderes zu erledigen.

Schreibtischarbeit.

Zwei Gestapo-Beamte bekommen von Kern einen Auftrag. Er gibt ihnen Fotos von Felix und Felka.

Die Gestapo-Beamten in Zivil gehen in der Rue Archimède Streife.

Sie behalten den Eingang von Nr. 22 im Auge.

In der Dämmerung gehen Felix und Felka in das Haus.

Ein Gestapo-Kommando durchsucht im Morgengrauen Wohnung für Wohnung, Mansarde für Mansarde.

Es ist der 20. Juni 1944.

Das Kommando – ein Mann im Regenmantel, ein Mann in Wehrmachtsuniform, die MPI im Anschlag, ein Mann in Zivil.

Felix fragt sich:

Ist der Mann in Zivil ein jüdischer Kollaborateur der Gestapo, ein Spürhund, ein Greifer?

Der Mann im Regenmantel:

«Anziehen! Los! Papiere einstecken!»

Felix und Felka wortlos.

Sie stolpern die Haustreppe hinunter.

Auf der Straße ein PKW.

Felix, Felka und der Mann im Regenmantel im Fond.

Die Türen werden gesichert.

Am Steuer der Mann in Uniform.

Auf dem Beifahrersitz der Mann in Zivil.

Die schnelle Fahrt in die Avenue Louise.

Halt vor dem Haus Nr. 453, dem Hauptquartier der Gestapo in Brüssel.

Es ist inzwischen hell geworden.

Der Mann in Wehrmachtsuniform steigt aus und öffnet die linke hintere Wagentür.

Der Mann in Zivil steigt aus und öffnet die rechte hintere Wagentür.

Der Mann im Regenmantel zu Felix und Felka:

«Raus!»

Felix und Felka steigen aus. Der Mann im Regenmantel steigt aus.

Felix erkennt an der Hausfassade Einschusslöcher.

Er erinnert sich daran, daß im Januar 1943 erzählt worden war:

Der Belgier Baron Jean de Sélys Longchamps, Pilot der Royal Air Force, war nach einer Mission über Genf eigenmächtig nach Brüssel weitergeflogen und hatte das Hauptquartier der Gestapo unter Feuer genommen. Im Haus wurden einige Menschen getötet, mehrere verletzt. Der Baron konnte anschließend unbehelligt nach England zurückfliegen.

Felix und Felka werden von Gestapomännern, die aus dem Haus gekommen sind, voneinander getrennt und in den Keller gebracht.

Felka kann zu Felix noch sagen:

«Sei mir gesund!»

Ein Gestapomann zu Felka:

«Schnauze!»

Am nächsten Morgen im Hof viele Gefangene, die aus dem Keller gekommen sind, Männer, Frauen, Kinder.

Felix und Felka.

In der Hof-Mitte zwei Lastkraftwagen.

Eine Kommandostimme:

«Los! Rauf!»

Gestapomänner drängen die Gefangenen zu den Ladeklappen.

Felka und Felix werden wieder getrennt.

Die Gefangenen auf den Lastkraftwagen wissen nicht, wohin die Fahrt geht.

Nach einer halben Stunde, am Rand einer Stadt, sagt jemand:

«Mechelen.»

Mechelen, Geburtsort des Großvaters von Ludwig van Beethoven, eine Stadt zwischen Brüssel und Antwerpen.

Von Juni 1942 bis September 1944 befindet sich in der ehemaligen Infanteriekaserne ‹Generaal Dossin de Saint-Georges› das SS-Sammellager Mechelen.

Die Kaserne besitzt einen Schienenanschluß.

Sie dient als Durchgangslager für die Deportationen von Juden und ‹Zigeunern› aus Belgien in deutsche Vernichtungslager.

Wie Felix und Felka ist die Malerin Irene Spicker, geboren 1921, im Lager Mechelen interniert. 1939 von Berlin nach Brüssel geflohen, arbeitete sie bei einer jüdischen Familie als Dienstmädchen und wurde 1942 von der SS verhaftet und in das SS-Sammellager Mechelen eingeliefert.

Sie muß unter der Häftlingsnummer W-526 in der Lederwerkstatt arbeiten.

Der neue Lagerkommandant Johannes Frank ließ sie rufen und fragte sie, ob sie Wände dekorieren könne. Sie folgte ihm ins Offizierskasino, wo er sie aufforderte, für die kahlen Wände «schöne Entwürfe, die zu einem Eßsaal passen», zu machen.

Und er kommandierte sie ab sofort in die Malerstube.

In der Malerstube arbeiten Künstler: der polnische Bildhauer Azriel Awret, der belgische Karikaturist Jacques Ochs, der deutsche Bildhauer Herbert von Ledermann-Wartberg.

Sie müssen die Pappschilder mit den Häftlingsnummern malen und SS-Offiziere nach Foto-Vorlagen porträtieren. Nach der Befreiung heiraten Irene Spicker und Azriel Awret. Sie leben in Brüssel, Israel und schließlich in den USA.

Irene Awret:

«Es ging über Landstraßen an nassen, nackten Feldern entlang, bis wir abends in eine völlig dunkle Stadt einfuhren. Schilder und Namen konnte man nur erraten, einzig die düstere Silhouette einer Kathedrale war erkennbar.

‹Mecheln›, flüsterte jemand neben mir.

Wir fuhren durch ein großes Tor, das Lastauto hielt an. Taschenlampen strahlten uns ins Gesicht.

‹Los, alle aussteigen und antreten mit Gepäck!›

Ich sprang vom Wagen und landete in einer Pfütze auf einem rechteckigen Kasernenhof unter einem rechteckigen Fetzen schwarzen Himmels. […]

Unsere Gruppe von ungefähr vierzig Männern, Frauen und Kindern wurde in einen Raum geschoben, die sogenannte Aufnahme, in der Schreibmaschinen klapperten und ein Dutzend junger Mädchen in Schürzen bereitstand, um uns ‹aufzunehmen›. Da sie ihrerseits von ein paar SS-Männern scharf beobachtet wurden, mussten wohl auch sie Gefangene sein. […]

Viele Verhaftete waren mit Koffern hierhergekommen. Kleidungsstücke und Konserven, alles, was man nicht am Leibe trug, mußte in der Aufnahme abgegeben werden, und andere Häftlinge mußten die Sachen sichten und in Kisten verpacken. Mit dem nächsten Judentransport würden diese Kisten im Gepäckwaggon gen Osten mitrollen, bis man sie irgendwo in Deutschland abkoppelte.

Wütendes Deutsch, ein Schmerzensschrei, dann Jammern auf jiddisch und französisch. Ein SS-Mann schlug […] auf eine Frau ein, in deren Mantelfutter man einen Diamantring gefunden hatte. […]

Schließlich drückte man mir eine graue Decke in die Hand und führte mich treppauf in einen Raum mit zwei langen Reihen grob gezimmerter, doppelstöckiger Schlafstellen. […]

Der Stubenälteste reichte mir ein Stück Brot mit einer kleinen Portion Margarine und deutete auf einen Schlafplatz auf der höheren Bretteretage. […]

Zwei schrille Pfiffe weckten mich viel zu früh wieder auf. […]

Meine Finger fühlten ein Stück Pappe – die Nummer, die man mir am Abend um den Hals gehängt hatte. Nun war ich also nicht mehr Irene […].

Der Gestank auf dem Klosett war unerträglich, aber immerhin verteilte eine Mitgefangene Papier, und im Waschraum der Frauen, der hauptsächlich aus einem langen Rohr mit einem Dutzend Wasserhähnen bestand, bekam ich sogar ein Handtuch.

‹Daß Toilettenpapier eine der wichtigsten Errungenschaften der Zivilisation ist, habe ich erst hier verstanden›, lächelte mich ein nettes junges Mädchen an. ‹Der Judenrat aus Brüssel schickt uns Klopapier, leider keine Seife […].›

[…] Am Nachmittag drängte sich plötzlich alles um

die Fenster, die zum Hof hinausgingen. Wieder ein Transport!

Diesmal aus Antwerpen. Am Tor standen, neben der ständigen Wache mit dem Maschinengewehr, Lagerkommandant Schmitt mit einer Peitsche, sein ausführender Arm, Steckmann, der narbige Mann mit der Lederjacke und der breitschultrige Kerl, der sächsisch sprach. Ein Arzt und zwei Schwestern in Weiß halfen einigen der ungefähr sechzig frisch Gefangenen aus dem Lastwagen. Ohne das Maschinengewehr und die Peitsche hätte die Szene eine fast menschliche Anmutung gehabt, in unserem Saal jedoch machte sich eine bedrückte Stimmung breit.

[…] Die Tage im Saal 18 waren wenig abwechslungsreich: […] Was sich die Gefangenen hier vom Herzen redeten, könnte kein Schriftsteller erfinden. Das Elend würde mich nicht unterkriegen, beschwor ich mich. Ich griff nach meinem Skizzenbuch, zeichnete und lauschte den hundert Arten von verzweifeltem, tödlichem Versteckspiel, Verrat von Nachbarn, Aufopferung von Fremden. Und das Ende der Geschichte war immer das gleiche. […]

Das System funktionierte wie geschmiert. Die alteingesessenen Gefangenen mußten die neuen Juden registrieren, sie durchsuchen, ihnen alles abnehmen, später ihre Post zensieren. Außerdem kochten sie für das deutsche Militär, machten sauber, kümmerten sich um die Wäsche und bügelten, servierten den Herren Offizieren und ihren ‹Damen› das Essen. […]

Auch für einen Teil der Pakete, auf deren Verteilung ich nun hier im Hof mit Dina wartete, sorgte der Judenrat […].

‹Kannst du mir erklären, warum die meisten von den Insassen einen Buchstaben vor ihrer Nummer haben?›, fragte ich, um sie abzulenken. ‹Was sollen diese B's und W's und E's?‹

‹Also B steht für belgische Staatsangehörigkeit, die bleiben für gewöhnlich hier. W bedeutet Werkstatt, das sind die Arbeiter, die vorläufig hier gebraucht werden, und E heißt Entscheidung, das sind die Fälle, die darauf geprüft werden, wie arisch oder wie jüdisch sie sind, wovon wiederum abhängt, ob sie freigelassen werden oder auf Transport gehen.›

Ich selbst hatte keinen Buchstaben vor meiner Nummer.

[…]

Der Sonntag kam, und das Wetter war schön. Es war der einzige Tag der Woche, an dem wir uns gegenseitig in den Sälen besuchen durften, und schon bald nach der Suppe stellten sich auf dem Hof Gruppen im Kreis auf […].

Noch bevor der Applaus […] sich vollkommen gelegt hatte, stimmte eine Gruppe von jungen Leuten das ‹Lied von Mecheln› an. Die Melodie war einem Ray-Ventura-Schlager entlehnt, der seinerzeit auf allen Radiosendern gespielt wurde. […]

‹Wir sehen alle gleich aus,
Haben eine Nase, zwei Augen und zwei Ohren,
Und nur wegen des einen kleinen Unterschieds,
Ist uns ein Unglück passiert.

Ein Herz schlägt mir in der Brust
Wie jedem Menschen,
Ein Gehirn denkt mir im Kopf,
Wie bei allen anderen auch.›

Wir sangen das Lied immer wieder und immer lauter, bis die Wachen pfiffen: ‹Alles auf die Säle!›

[…] An jedem Tag vor dem Transport glich das Lager einem aufgestörten Wespennest. Man wußte nur eins über die bevorstehende Bahnfahrt: sie würde sehr lang sein […].

Im Magazin wurden Dutzende von Kisten zugenagelt. Was sie enthielten, stand in großen schwarzen Buchstaben und Zahlen auf den Deckeln: 438 Taschenmesser, 223 Scheren, 516 Ledergürtel, 36 Pelzmäntel, 17 Paar Silberleuchter, 862 Armbanduhren, 118 Taschenuhren und Schuhe und Kleidung in Hülle und Fülle. Am fieberhaftesten wurde sicherlich in der Küche gewerkelt, wo Mutti Goldberg, die älteste Bewohnerin des Hexenstalls, und ihre Helferinnen den Reiseproviant für 1400 Transportnummern vorbereiteten. […]

Die Stimmung im Lager war trübe. Wenn man von den Arbeitern, dem Personal und einer Handvoll B-Nummern absah, würde die Kaserne in 24 Stunden leerstehen. […]

So unheilvoll die Vermutungen auch waren, die wir in bezug auf das Lager in Polen anstellten, einen Begriff von ‹Auschwitz› hatten wir selbstverständlich nicht. Von den 1400 Menschen, die am Morgen des

4. April 1943, in Viehwagen gezwängt, nach Auschwitz gebracht wurden, überlebten nur 150, wie ich nachträglich erfuhr.

‹Der Zug ist da!› Zusammen mit den Zügen waren auch die Schupos gekommen.

‹Die müssen die Transporte begleiten›, klärte mich Monsieur Heiber auf. [...]. ‹Sie verschanzen sich auf den Dächern der Waggons, und wenn jemand versucht, vom Zug zu springen, schießen sie ihn nieder [...].»

Felix auf der Holzpritsche im SS-Sammellager Mechelen.
Er fröstelt.
Er fiebert.
Er träumt die große Ausstellung.
In Brüssel?
In Paris!

Da ist das Selbstbildnis mit grünem Hut von 1927.
Und: ‹Meine Mutter›.
‹Mein Vater›.
Der Pernickelturm, in Osnabrück.
Auf der Fußgängerbrücke über die Hase kommen Felix die Eltern entgegen.
Die Mutter zeigt auf das Bildnis von Felka.
Sie sagt:
«Muß das sein?»
Der Vater:
«Ich freue mich riesig, daß du die Ausstellung hast.»

Auch in Osnabrück: die ‹Süsterstraße›, mit dem Schild an der Hauswand ‹Herm. Vogt & Co. Grabmalskunst Osnabrück›.

Von den frühen Aufenthalten 1928 in Ostende: der Hafenkai, der Seesteg und zwei Cafés, ‹Au vieil Ostende› und ‹Cafe Restaurant Chez Jules›.

Zwei Netzflicker von 1929.

‹Straßenbild Berlin› mit dem Rathaus.

Charlottenburg und ‹Funkturm Nr. 2›.

Aus dem Jahr 1931 ‹Der tolle Platz›.

Felix hat die Worte von Paul Westheim im Kopf, die er darüber geschrieben hatte:

> «In der Berliner Secession, die gerade […] ihre Ausstellung eröffnete, hängt das Bild von Felix Nussbaum. […] Da ist der Pariser Platz, da ist die Akademie. Die Herren Professoren, durch ihre Bärte vor der Zugluft geschützt, von Englein gehütet, wallen auf kostbarem Teppich in das Akademiehaus. Während das Jungvolk, geschart um Paul Klee, den die Berliner Akademie ja auch noch nicht kennt, sich drängt und schiebt und stößt und mit all den frisch gemalten schönen Bildern draußen zu bleiben hat. […] Berlins Stolz: Die Siegessäule ist zerborsten, das Liebermann-Haus neben dem Brandenburger Tor ist zur Hälfte schon eingestürzt. Oben, wo das Atelier war […], sieht man den Altmeister deutscher Kunst, das letzte Selbstbildnis vor der Zerstörung gerettet.»

Max Liebermann steigt zu Felix herunter und sagt:

«Nicht übel, junger Mann.»

‹Mein Atelier› von 1930.

Neben Felix tauchen die zwei jungen Männer auf, denen er sein Berliner Atelier in der Xantener Straße vermietet hatte.

Der eine sagt:

«Deine Ausstellung fackeln wir ab.»

Der andere sagt:

«Wie dein Atelier in Berlin.»

Felix geht unbeirrt durch seine Ausstellung.

Eine Gruppe junger Leute – zwei Frauen, ein Mann, zwei Knaben – hinter einem Tisch. Auf dem Tisch eine Katze und eine Blumenschale.

Ein Leierkastenmann neben seinem Leierkasten. Ein Junge lehnt sich an den Mann.

‹Schwarzer Pudel›, auf dem Bruchstück einer antiken Säule.

Ein Zeitungsreporter hält Felix auf.

Er sagt:

«Was bedeutet der schwarze Pudel?»

Felix:

«Hören Sie! Ich bin Maler, kein Kunstkritiker.»

«Aber Sie müssen sich doch bei dem Pudel etwas gedacht haben.»

Eine Mauer und Hinterhöfe in Rom.

‹Rom (Südwind)›.

Ein Anlegeplatz in San Remo.

Alassio: die Bahnstation.

Der Strand.
Ein weißes Boot vor einer Mauer.
‹Großes und kleines Boot›.
Zwei blaue Boote.
Die Gasse zum Meer.
Das Säulenhaus.
Die Trattoria Emovese.
Rapallo: der Park.
Der Blick auf zwei Türme.
Die Küste.
Die Unterführung.

Selbstbildnis mit Keilrahmen, von 1935.

Ostende: Straßenbrücke.
Straßenszene.
Droschke im Hafen.

Selbstbildnisse von 1936:
Am Zeichenbrett.
Im Torbogen.
Mit Apfel.
Mit Geschirrtuch.
Mit Schal und Baskenmütze 1.
Mit Schal und Baskenmütze 2.
Als Grimasse 1.
Als Grimasse 2.
Mit Maske und Schalltrichter 1.
Mit Maske und Schalltrichter 2.
Mit Kopftuch.

Ein Porträt: Justus Nussbaum.

Selbstbildnis mit Bruder, 1937.

Selbstbildnis mit Hut, 1938.

Trauernde.

Selbstbildnisse von 1939:
  In surrealer Landschaft.
  Mit Apfelblüte.
  Im Atelier.
  Mit Skabiose.
  Als Mummenschanz.

‹Die trostlose Straße›.

Atelierausblick: über die Dächer.

Stilleben:
  Mit Statuette.
  Mit Regenschirm.
  Mit Weinflasche.
  Mit Stuhl.
  Mit Pampelmuse.
  Mit Gliederpuppe.

Zwei Porträts: Felka Platek.

Gefangene in Saint-Cyprien.

Die Lagersynagoge.

‹Angst›: Selbstbildnis mit Nichte Marianne.

Joseph Goebbels humpelt in die Ausstellung.
Er erblickt Felix und sagt:
«Der noch da?»

Selbstbildnisse von 1942:
Mit Felka, ‹Soir›.
Im Totenhemd.

Die Küche im Versteck.

Das Stilleben mit Puppe und Tennisschläger.

Selbstbildnisse von 1943:
An der Staffelei.
Mit Judenpaß.

Plötzlich Felka, unruhig:
«Deine neuen Selbstportäts machen mir Angst.
Im Doppelbild ‹Soir› von dir und mir stehe ich mit meinem Schuh auf deinem nackten Fuß. Ordnest du dich freiwillig unter? Oder unterdrücke ich dich?
Willst du fort? Halte ich dich fest? Und die Farben! Braun, Grau und Schwarz.
Und dann erst du im Totenhemd. Nie habe ich dich in einem Selbstporträt so traurig gesehen.
Hast du dich aufgegeben?
Wieder Braun und Schwarz. Und Blutrot.

Du, in eine Mauerecke gedrängt, mit Judenpaß und Judenstern. Die Mauerwand grünlich. Ein Gejagter, gefangen, ohne Ausweg. Todgeweiht.»

Felix sagt:

«Angst?»

Der Maler Hanns Hubertus von Merveldt tritt auf Felix zu.

Er begrüßt Felix unbeschwert.

«Ich gratuliere Ihnen zu Ihrer Werkschau!»

Felix möchte sich abwenden.

Merveldt sagt:

«Wissen Sie, es erfüllt mich in Berlin mit Genugtuung, daß ich immer wieder für einen Juden gehalten werde und oft in Schlägereien gerate.»

Gerippe spielen zum Tanz – ‹Triumph des Todes›.

Inmitten der zusammengestürzten Welt, im Chaos der Trümmer abendländischer Kultur und Zivilisation – menschliche Skelette mit Musikinstrumenten.

Sie tragen – außer dem Knochenmann – Tücher oder ihre Haut.

Mit ihren Instrumenten – Klarinetten, Schlagzeug, Kleine Trommel – erzeugen sie schrillen, ohrenbetäubenden Lärm, während der Flötist, der Geiger und der Leierkastenmann innehalten.

Der Tod spielt Trompete.

«Ah, mein letztes Bild», sagt Felix. «Fertig geworden am achtzehnten April Vierundvierzig, einem Dienstag.»

Am Ausgang der Ausstellung stehen Willy Jaeckel, César Klein und Hans Meid, bei denen Felix in Berlin studiert hat.

Jaeckel sagt:

«Nussbaum, Sie dürfen nicht in Belgien bleiben.»

«Gehen Sie nach Amerika», sagt Klein. «In New York treffen Sie Feininger.»

«Oder gehen Sie nach Mexiko», sagt Meid. «Dort ist Paul Westheim gelandet.»

Jaeckel sagt:

«Nur fort aus Europa!»

Felix erwacht. Er schwitzt. Er zittert.

Irene Awret über eine Begegnung im Juni 1944:

«Frau Rosenberg machte mich eines Tages beim Rundgang auf dem Hof auf einen mageren, stumm vor sich hin blickenden Neuankömmling aufmerksam. Niemals hätte ich gedacht, daß sich hinter diesem verschlossen wirkenden Spaziergänger ein bekannter deutscher Künstler verbarg.

‹Gib ihm doch etwas Papier, und borg ihm für ein paar Tage deinen Aquarellkasten, Irene›, bat mich die stets hilfsbereite Frau Rosenberg. ‹Der Mann ist ein Maler, Felix Nussbaum heißt er, er kommt aus Deutschland, so wie du. Seine Frau hofft, daß Farben und ein Pinsel ihn aus seiner Mutlosigkeit herausreißen.›

‹Nussbaum kam also zu mir auf die Malerstube, um den Kasten zu holen, malte aber lieber allein auf seiner Pritsche im Schlafsaal.

Den düsteren Stilleben nach zu urteilen, die er mir später zeigte, schien das Malen seiner Stimmung nicht viel zu helfen. Auf winzigen Blättchen Papier waren eine einsame, trübe Birne zu sehen, ein schwärzlicher Apfel oder eine düstere Zitrone, die Unheil zu verkünden schien. Wie recht er mit seinen bösen Vorahnungen hatte, würde sich leider bald herausstellen. [...]

Die kleinen Aquarell-Stilleben, die mich damals in

meiner Ignoranz wenig beeindruckt hatten, waren wohl seine letzten Bilder. Erst Jahre später, als ich in den Büchern immer wieder auf sein Werk gestoßen wurde, begriff ich, mit wem ich es zu tun gehabt hatte.»

In der Zeit vom 4. August 1942 bis zum 31. Juli 1944 deportierte die SS aus dem Sammellager Mechelen, Kaserne Dossin, in 26 Transportzügen 25 124 Juden und 351 Roma in die Nazi-Vernichtungslager, vor allem in das KZ Auschwitz.

Der 26. Transport mit 563 Personen, darunter 47 Kinder, verließ Mechelen am 31. Juli 1944 und erreichte Auschwitz am 2. August.

Unter den Deportierten Felix Nussbaum und Felka Platek.

Die Transportlisten des Sammellagers sind erhalten geblieben.

Die Liste des 26. (und letzten) Transportes verzeichnet Felix Nussbaum unter der Nummer 284, Felka (Faiga) Platek unter der Nummer 285.

Memento

Felix Nussbaum, geboren am 11. Dezember 1904.
Ermordet 1944 im KZ Auschwitz.

Felka Platek-Nussbaum, geboren am 3. Januar 1899.
Ermordet 1944 im KZ Auschwitz.

Die Eltern von Felix und Justus Nussbaum:

Philipp Nussbaum, geboren am 22. August 1872.
Ermordet 1944 im KZ Auschwitz.

Rahel van Dyk-Nussbaum, geboren am 14. Mai 1873.
Ermordet 1944 im KZ Auschwitz.

Die Eltern von Felka Platek-Nussbaum:

Leon Platek, geboren 1859.
Verschollen.

Salomea Strumfeld-Platek, geboren 1860.
Verschollen.

Der Bruder von Felix Nussbaum:

Justus Nussbaum, geboren am 1. März 1901.
Ermordet 1944 im KZ Stutthof.

Die Frau von Justus Nussbaum:

Herta Bein-Nussbaum, geboren am 7. Januar 1910.
Ermordet 1944 im KZ Auschwitz.

Die Tochter von Justus Nussbaum und Herta Bein-Nussbaum:

Marianne Nussbaum, geboren am 6. April 1935.
Ermordet 1944 im KZ Auschwitz.

Der Cousin von Justus und Felix Nussbaum:

Alfred Gossels, geboren 1907.
Ermordet 1944 im KZ Stutthof.

Quellen und Zitatnachweise

Hauptquellen:

Peter Junk/Wendelin Zimmer: Felix Nussbaum. Leben und Werk. Unter Mitarbeit von Manfred Meinz. Köln und Bramsche 1982

Eva Berger/Inge Jaehner/Peter Junk/Karl Georg Kaster/Manfred Meinz/Wendelin Zimmer: Felix Nussbaum. Verfemte Kunst – Exilkunst – Widerstandskunst. Bramsche 1995

Peter Junk/Wendelin Zimmer: Ortswechsel Fluchtpunkte. Felix Nussbaum 1904–1944. Die Biografie. Bramsche 2009

Weitere Quellen:

Stefanie Barron: «Entartete Kunst». Das Schicksal der Avantgarde im Nazi-Deutschland. München 1992

Lion Feuchtwanger: Der Teufel in Frankreich. Erlebnisse. Berlin 1982

Varian Fry: Auslieferung auf Verlangen. Die Rettung deutscher Emigranten in Marseille 1940/41. Frankfurt am Main 2009

Wolfgang Henze / Klaus Voigt (Hg.): Rifugio Precario – Zuflucht auf Widerruf. Artisti e intellettuali tedeschi in Italia 1933–1945. Deutsche Künstler und Wissenschaftler in Italien. Berlin / Milano 1995

Serge Klarsfeld / Maxime Steinberg: Memoriaal van de deportatie der joden uit Belgie. Bruxelles / New York 1994

Jobst C. Knigge: Die Villa Massimo in Rom 1933–1943. Kampf um künstlerische Unabhängigkeit. Berlin 2013

Peter Longerich: Goebbels. Biographie. München 2010

Erika und Klaus Mann: Das Buch von der Riviera. Reinbek 2004

Trude Maurer: Ostjuden in Deutschland 1919–1933. Hamburg 1986

Rosamunde Neugebauer (Rosa von der Schulenburg) (Hg.): Zeit im Blick. Felix Nussbaum und die Moderne. Bramsche 2004

Joseph Roth: Juden auf Wanderschaft. Amsterdam / Köln 1985

Anne-Christin Saß: Berliner Luftmenschen. Osteuropäisch-jüdische Migranten in der Weimarer Republik. Göttingen 2012

Mark Schaevers: Orgelmann. Felix Nussbaum – Ein Malerleben. Berlin 2016

Christel Schulte: Felka Platek. Malerin und Lebensgefährtin. Osnabrück 2003

Fritz Steinfeld: Vergast – nicht vergessen. Erinnerungen an den Malerfreund Felix Nussbaum. Osnabrück und Bramsche 1999

Felix Nussbaum / Frank Hoppmann / Michael Loewen / Dörte Grimm: Die Abenteuer von Pit und Peggs. Die Reise zur Blumenparade. Berlin 2015

Aus folgenden Werken wurde zitiert:

Irene Awret: Aber erst müßt ihr mich kriegen. Erinnerungen einer Malerin 1921–1944. Mit einem Vorwort von Walter Laqueur. Berlin 2005. © Aufbau Verlag GmbH & Co. KG, Berlin 2005, 2008
Seiten 176–181, 190–191

Charlotte Berend-Corinth: Mein Leben mit Lovis Corinth. München 1960
Seite 17

Eva Berger / Inge Jaehner / Peter Junk / Karl Georg Kaster / Manfred Meinz / Wendelin Zimmer: Felix Nussbaum.

Verfemte Kunst – Exilkunst – Widerstandskunst. Bramsche 1995
Seiten 13, 29–30, 183

Peter Junk/Wendelin Zimmer: Fragezeichen an jeder Straßenecke. Zwölf Briefe von Felix Nussbaum. Bramsche 2003
Seiten 71–74, 83–85, 89–91, 97–99, 101–102, 105–106, 108–109, 116–118, 159–160, 167–168

Peter Junk/Wendelin Zimmer: Felix Nussbaum. Leben und Werk. Unter Mitarbeit von Manfred Meinz. Köln/Bramsche 1982
Seite 41

Alfred Kantorowicz: Exil in Frankreich. Merkwürdigkeiten und Denkwürdigkeiten. Hamburg 1983
Seite 133

Jobst C. Knigge: Die Villa Massimo in Rom 1933–1943. Kampf um künstlerische Unabhängigkeit. Berlin 2013
Seite 11

Walter Mehring: Wir müssen weiter. Fragmente aus dem Exil. Frankfurt/Berlin 1981. © Stiftung Kultur und Jugend, Zürich
Seite 130

Hanns Hubertus Graf von Merveldt 1901–1969. Gemälde, Temperas, Zeichnungen. Ausstellungskatalog. o.J.
Seite 188

Abel Paz (Diego Camacho): Im Nebel der Niederlage. Vertreibung und Flucht. Biographie (1939–1942). Lich 2009.

Seiten 132–133

Fritz Steinfeld: Vergast – nicht vergessen. Erinnerungen an den Malerfreund Felix Nussbaum. Osnabrück und Bramsche 1999
Seiten 20–21

Erich Weinert: Camaradas. Ein Spanienbuch. Berlin 1951
Seiten 130–132

Hans Joachim Schädlich, 1935 in Reichenbach im Vogtland geboren, arbeitete an der Akademie der Wissenschaften in Ostberlin, bevor er 1977 in die Bundesrepublik übersiedelte. Für sein Werk bekam er viele Auszeichnungen, unter anderen den Heinrich-Böll-Preis, Hans-Sahl-Preis, Kleist-Preis, Schiller-Gedächtnispreis, Lessing-Preis, Bremer Literaturpreis, Berliner Literaturpreis und Joseph-Breitbach-Preis. 2014 erhielt er für seine schriftstellerische Leistung und sein politisches Engagement das Bundesverdienstkreuz. Zuletzt veröffentlichte er die Novelle «‹Sire, ich eile …›. Voltaire bei Friedrich II.» und den Roman «Narrenleben» – «ein historisches Panorama von vibrierender Intensität» (Deutschlandradio Kultur). Hans Joachim Schädlich lebt in Berlin.

MIX
Papier aus verantwortungsvollen Quellen
FSC® C083411

Das für dieses Buch verwendete Papier ist FSC®-zertifiziert.